Policromía
_y_
Ornamentación

© AGUALARGA EDITORES, S.L.
   AVDA. DEMOCRACIA, 7 - NAVE 602
   28031 MADRID

© TEXTOS: RITA KELKHEIM

FOTOMECÁNICA: J. MANSO
IMPRESIÓN: GRAYMO
ENCUADERNACIÓN: LARMOR

I.S.B.N.: 84-95088-06-1
DEPÓSITO LEGAL: M-34685-2000

IMPRESO EN EUROPA

Policromía y Ornamentación

RITA KELKHEIM

Aqualarga

PRÓLOGO

Uno de los aspectos del arte de todos los tiempos que menos han sido estudiados son los motivos y las composiciones decorativas que se han aplicado a todas las manifestaciones artísticas, desde la monumental arquitectura a una simple pieza de orfebrería o vajilla; se ha considerado erróneamente que estos elementos carecían de importancia y que eran anecdóticos dentro del panorama artístico de una época. Nada más lejos de la realidad, porque esta ornamentación presente en los más inimaginables objetos, encierra una simbología y un significado ideológico, psicológico o estético tan interesante como el de las grandes obras pertenecientes a las "Artes Mayores"; es más, por escapar más frecuentemente al control del poder, del personaje que encarga las obras, o del propio periodo artístico, en el ámbito de la ornamentación se pueden encontrar hallazgos estéticos que responden a una libertad mayor del ejecutor, que, incluso, puede llegar a contravenir las rígidas normas impuestas que tiene la obra o pieza en la que se inserta.

En efecto, el artista que diseña y plasma esos motivos decorativos puede escoger entre los repertorios de otras épocas, utilizar líneas y figuras con un sentido contrario al que aparentemente tienen, crear composiciones con un sentido oculto que sólo él conoce, es un privilegiado, puede acudir a la literatura, el juego, la mitología, las leyendas, el pasado soñado, a otras artes o a la imaginación; es un artesano que impone sus reglas simbólicas y hace suya la pieza, imprimiéndole su sello personal.

Debido a la versatilidad de la ornamentación ésta puede aplicarse a cualquier lugar u objeto, de uso corriente o lujoso, desde el asa de una jarra a un mueble, desde una pequeña cornisa a una fachada palaciega. Desde la noche de los tiempos siempre ha tenido un significado, en algunas culturas se utiliza como medio de protección contra las fuerzas negativas, o como modo de atraerse la buena suerte, en otras épocas la decoración es un signo de poder que publicita el rango social del poseedor, también sirve de propaganda al estamento que la encarga y de vehículo de disuasión en situaciones comprometidas. Pero sea cual sea el significado de la ornamentación, siempre responde a la necesidad que el ser humano tiene de embellecer lo que le rodea, en un intento hedonista de superación.

El color es un elemento importante de la ornamentación, juega un papel visual muy importante, crea cercanía o alejamiento en el espectador, sorpresa o cualquier sensación, según sean las combinaciones elegidas por el decorador, que debe conocer la teoría del cromatismo y utilizarla; la mezcla de materiales y técnicas también puede ser utilizada para este fin.

Este libro es una invitación a conocer y disfrutar los motivos decorativos utilizados en distintas épocas históricas y cada uno de ellos refleja un gran número de cosas, desde la situación política del periodo a la psicología del artista que los lleva a cabo; no están todos los que son, pero son una buena muestra. Se ha hecho una agrupación general por estilos, aunque las manifestaciones artísticas no se pueden encasillar en una fecha o un nombre, ya que muchas perviven varios siglos, o son englobadas en un estilo perteneciendo verdaderamente a otro por cuestiones metodológicas; yo, como autora, soy consciente de ello y creo que es necesario tener esto presente para comprender el libro. La ornamentación aquí reunida puede ser entendida desde un punto de vista visual, pero también bajo la luz de otros sentidos, que nos hacen buscar en lo no visible un significado.

ARTE PRIMITIVO

(Arte de África y Oceanía)

L as manifestaciones artísticas que tuvieron lugar en las islas del Pacífico y en África han sido en el siglo XX una fuente inagotable de motivos e imágenes para el arte y fascinaron desde el primer momento a los viajeros que llegaron por mar a estos lugares. El predominio de las formas geométricas, la utilización de colores puros atrayentes y brillantes, la mágica expresividad que revelaba una gran carga religiosa y psicológica, la relación con la naturaleza de manera armoniosa y los variados materiales que servían de soporte son las características más destacadas de estas decoraciones africanas, que se muestran en los ejemplos recogidos en la lámina I. La concepción geométrica del espacio

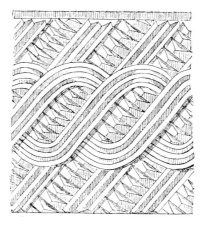

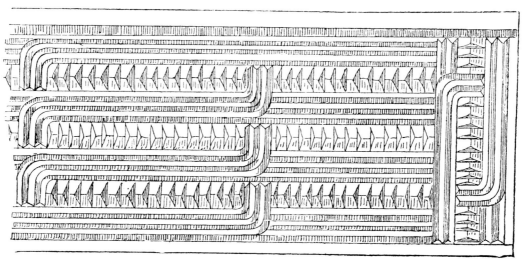

Fragmentos de esculturas con incisiones.

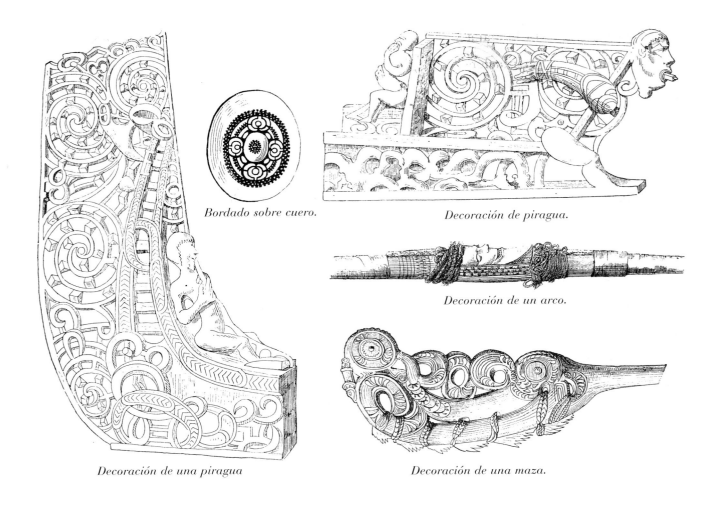

Bordado sobre cuero.

Decoración de piragua.

Decoración de un arco.

Decoración de una piragua

Decoración de una maza.

es muy peculiar, se compartimenta en planos originando composiciones sencillas pero muy conceptuales y representan la idea que quieren transmitir con el menor número de elementos posibles.

La decoración se aplica a objetos de uso diario; los motivos decorativos de las islas de Oceanía son muy variados debido a la diversidad cultural que existe en este espacio, y en una misma isla pueden convivir varias tradiciones artísticas diferentes. En sus representaciones se da

Detalles de monumentos de Uxmal (Yucatán).

preferencia a la figura humana y al pájaro, utilizado como símbolo en muchas manifestaciones artísticas. Estas representaciones tienen un carácter antinaturalista, y se modifican sus rasgos simplificando sus formas por lo que se gana en expresividad; también se utiliza como elemento decorativo el ojo humano, que aparece reflejado en distintas formas geométricas.

En la lámina I también se representan varios ejemplos tomados de la ornamentación utilizada en comunidades de Perú y de México, en los que se deja sentir la influencia de la arquitectura y de unas serie de reglas que sigue el artista y dan una unidad de carácter a la obra. Las pinturas mexicanas que son representadas en los motivos centrales e inferiores de los extremos se encuentran en los monumentos de Yucatán, entre otros. La arquitectura sirvió como fuente de inspiración de muchos de estos elementos, pero también hay que recordar que esta decoración, presente en manifestaciones como la cerámica, en la que se daban cita la idealización y la generalización de las formas de la naturaleza, también fue un recurso del que bebió la arquitectura.

ARTE EGIPCIO

La decoración artística egipcia puede parecer a veces algo simple, puesto que no se tiene conocimiento de su repertorio simbólico y muchos aspectos y significados permanecen ocultos. Muchos de los objetos y decoraciones fueron diseñadas para hacer de ellos una lectura simbólica, para contener un mensaje oculto, que es la parte esencial de su composición. Los colores, materiales, las formas y los jeroglíficos formaban parte de ese lenguaje simbólico, que responde a las creencias religiosas y vitales de este pueblo; a través de esta decoración los egipcios representaban sus ideas sobre la naturaleza y el cosmos, destacando lo trascendental o intangible, y dando un especial relieve al tema de la vida después de la muerte y a la salvaguarda y la protección en esta vida.

En la ornamentación tienen una importancia capital por su valor los signos jeroglíficos, la escritura era para ellos también una forma de ornamentación, son las "palabras de dios", y esta importancia también se verá en el arte persa y árabe. Desde el punto de vista de la aplicación, esta decoración era utilizada en todos los ámbitos, tanto en el hogar, como en las tumbas y los templos todos los objetos eran decorados, ya fueran de uso corriente y habitual u objetos del más refinado lujo. Todos los tipos de muebles de madera, los tejidos, prendas de vestir, en los divanes, los más variados cofres, taburetes, tablas para juegos, cajas de distintos tipos, alfombras, manteles, vasijas, recipientes para contener alimentos, metales y objetos preciosos, todos ellos estaban individualizados por esta enigmática y maravillosa decoración que todavía hoy sigue siendo un secreto para nosotros.

El arte egipcio recoge influencias de otros estilos anteriores y también se encuentra en la base de las manifestaciones artísticas griegas, etruscas y grecorromanas. Es un arte elevado, grandioso, espiritualista, simbólico y estas características sobre todo se encuentran en las composiciones ornamentales que decoran los objetos, los edificios o las distintas piezas escultóricas. Los elementos que componen la decoración pueden ser poco numerosos, pero según sean los detalles, el color o el entorno, el significado puede cambiar completamente y representa una compleja lectura de los símbolos. La característica del color más sobresaliente es la no aparición de gradación, es decir, son colores planos, sin sombras; las líneas del contorno aparecen bien definidas y pueden

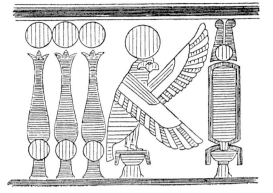

Balaustrada decorada.

a veces parecer algo rígidas, pero esta expresión responde en gran medida a planteamientos religiosos y particulares formas de ver las vida que les rodeaba.

Este estilo decorativo se muestra en las láminas II y III; en la primera aparecen los símbolos de la planta del loto, que es la representación natural del sol y de la creación; según un mito hermopolitano un lirio gigante nació de las aguas primigenias y de él surgió el sol. Por su vínculo con el significado de nacimiento estuvo presente en la decoración utilizada en el ámbito funerario y de la muerte. También aparece el escarabajo, como alegoría del sol y la tierra como fuente de vida, porque el escarabajo pone sus huevos bajo tierra; en esta lámina II se representa al escarabajo negro como creador, que sujeta en las patas delanteras el sol y en las traseras el huevo, unificando la representación simbólica.

En la lámina III aparece la figura del halcón, adorado como divinidad cósmica e identificado con el dios Horus, venerado ya antes de la fundación de las primeras dinastías; según sean los atributos o los objetos con los que aparezca también puede representar a otras divinidades como Ra, Hathor o Mentu. A su lado aparece

Pluma egipcia.

el buitre, figura asociada a la representación de muchas divinidades femeninas, como Mut o Nejbet; este símbolo aparece representado en un gran número de posiciones distintas y fue utilizado en la escritura para la letra "a". Uno de los símbolos que más aparecen en el arte egipcio es el ojo, que actúa como un elemento protector, un amuleto, que se representa muy frecuentemente en joyas, collares y placas, como en la lámina III, que se disponían sobre las momias. También podía ser un símbolo de ofrenda, debido a sus orígenes mitológicos, ya que se identificaba con los ojos del dios Horus, que a su vez eran el sol y la luna.

ARTE ASIRIO

Los motivos que se representan en la lámina IV pertenecen al periodo cronológico posterior a la conquista de Babilonia. La decoración asiria se diferencia de la egipcia en el uso que se le dará, ya que la primera servirá esencialmente para decorar palacios; pero aún así, en muchos de los motivos utilizados se percibe la influencia de la decoración egipcia. Aunque pasará por diferentes etapas, la decoración asiria conocerá un periodo en el que se observa una tendencia muy clara hacia la ornamentación vistosa, en la que cada vez más se busca el apoyo en la arquitectura y se utilizan los muros interiores como lugar de experimentación de nuevas formas.

Toda la ornamentación asiria, además de los bajorrelieves, estaba pintada, dorada o plateada. En el motivo central de la lámina IV se representa un bajorrelieve con el árbol sagrado, o árbol de la vida, que es uno de los motivos más frecuentes en la decoración asiria. Este motivo es el eje sobre el cual gira la ceremonia de la fecundación, imprescindible para la vida, y que toma múltiples representaciones. Normalmente aparecen genios alados como dioses del viento verificando que el ritual se lleve a cabo correctamente y en sus manos pueden llevar una vasija con el agua de la vida mientras tocan la palmera. En la imagen del extremo superior derecho se representa a dos figuras aladas, tocadas con el característico gorro cónico, que flanquean un objeto circular que se identifica con el sol; esta imagen es el símbolo del alma. Los ladrillos esmaltados de diseño geométrico, que también se representan en esta lámina, evidencia una influencia de la forma de fabricación china, y son los antecedentes de toda la tradición de ladrillos de revestimiento que se han utilizado en Persia a lo largo de muchos siglos.

También aparece en el extremo superior izquierdo de la lámina un león, muy utilizado en el arte asirio y que está en relación con el tema de la caza, al que eran tan aficionados los asirios y del que quedaron tantos vestigios en los relieves. La caza era para ellos un entrenamiento perfecto para la guerra, y había toda una ceremonia en torno a ella: el cazador debía utilizar la lanza, el arco y la espada y se buscaban muchas piezas pero la más importante y la que más prestigio daba era la caza del león. Estos relieves cinegéticos cuentan con escenas consideradas como una de las creaciones más bellas de la escultura. En la ornamentación también se utilizaban diversos motivos policromados vegetales y geométricos, presentes también en la lámina IV.

ARTE GRIEGO

El sorprendente camino de la cultura griega se inicia en el II milenio a. C. con la civilización micénica, y su personalidad se va configurando hasta que un periodo de crisis generalizada paraliza este proceso de crecimiento, comenzando a recuperarse de nuevo en el siglo VIII a. C. Desde este momento la cultura griega se constituirá en un punto de referencia fundamental en todos los ámbitos para el resto de las civilizaciones contemporáneas a ella y su huella quedará indeleble en la historia con el paso de los siglos influyendo en todas las manifestaciones de la actividad y pensamiento humanos. El carácter que el artista griego imprimió en sus obras y los motivos decorativos que utilizó han sido fuente de inspiración para otros estilos artísticos posteriores; estos motivos decorativos del arte griego se aplican a un gran número de objetos que van desde la cerámica a los relieves de los templos, la pintura, piezas de orfebrería o mosaicos. La policromía y el color tuvieron siempre una gran importancia en el arte griego y tanto las piezas escultóricas como la arquitectura, además de la ornamentación, aparecían pintadas.

Fragmento de un monumento monolítico de Asia Menor
decorado con la palmeta y hojas de acanto.

La cultura conocida como Minoica que tiene lugar durante la Edad de Bronce aportó a la ornamentación griega un gran colorido que se aplicaba incluso en la arquitectura, y una rica decoración pictórica en la que se observa la integración entre paisaje y arquitectura que tienen los distintos temas naturalistas de plantas, animales o pájaros. Uno de los soportes que más se utilizó para plasmar la creatividad en los diseños decorativos fue la cerámica, de la que hubo una gran producción de notable calidad. Su particular estilo se caracteriza por un fondo de color negro sobre el que se presentan variados temas geométricos, vegetales o abstractos, coloreados en rojo o

Decoración de entrelazos y ovas.

Friso grecorromano con ovas, hojas de acanto y flores.

blanco; avanzando el tiempo se dará preferencia a los temas de animales marinos o florales de colores oscuros sobre el fondo natural del barro. En el periodo Pospalacial del Minoico se volverá a una fase de mayor abstracción en los temas y habrá una preferencia por las composiciones simétricas.

En el periodo Micénico los estilos decorativos heredan en gran parte las preferencias minoicas y se tiende a geometrizar y estilizar los temas naturalistas del periodo anterior. La salida de la crisis en el mundo griego tras la Edad Oscura se manifestará en el periodo Geométrico, así llamado por la decoración de la cerámica basada en temas geométricos, entre ellos la greca o meandro, y dará paso a la rápida recuperación de la cultura griega. El característico cuidado que se tiene en la terminación de las obras por parte de los artistas griegos se manifestará especialmente en los motivos decorativos, en los que se utilizan preferentemente los colores amarillo, rojo, negro y blanco; la pintura mural o la que tuvo como soporte la cerámica se va enriqueciendo a partir del siglo VIII gracias a la presencia de estilos orientalizantes y se introducirán temas de animales reales y fantásticos; se desarrollará la técnica de las figuras negras, que contrastan con en fondo claro de la cerámica. En el último cuarto del siglo VI la técnica de las figuras rojas, que consiste en un fondo oscuro en el que destacan las figuras que quedan sin pintar con el tono del barro, sustituirá a la anterior y aportará a la ornamentación más volumen, profundidad y modelado.

Algunos de los motivos decorativos más utilizados en el arte griego se presentan en las láminas V y VI, y en todos ellos rige la simetría, el equilibrio y la regularidad. Los elementos que más se representan son la hoja de acanto, utilizada en los capiteles de estilo corintio, la palmeta, que se utiliza especialmente en los frisos de los templos y en la decoración de las vasijas, que consiste en la estilización de un tema vegetal en el que se toman elementos de diferentes tipos de

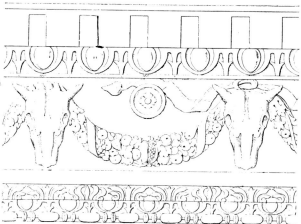

Decoración de bucráneos, ovas, y guirnaldas.

plantas, como la vid o el laurel. Otros motivos utilizados pertenecen especialmente al ámbito de la arquitectura, como son los meandros, también llamados grecas, formados por líneas rectas que se cortan en ángulos rectos, las combinaciones de líneas curvas que se entrecruzan, el bucráneo, que son cráneos de buey normalmente acompañados de guirnaldas de flores, los entrelazos, astrágalos o las ovas. El gran interés que mostraron los artistas griegos por la policromía se manifiesta en la arquitectura, como se puede ver en la lámina VI, en el mosaico, en que se emplean piezas de colores variados, en la utilización de incrustaciones de metal y en la cerámica, de la que se pueden ver ejemplos de decoración en la lámina V.

ARTE ETRUSCO

La zona geográfica en la que se desarrolló la cultura etrusca estaba formada por el fragmento de costa mediterránea situada frente a Cerdeña y Córcega, la orilla derecha del río Tíber y la sur del río Arno; sus estilos artísticos recibieron la influencia de los modelos griegos y cuando este territorio fue conquistado por los romanos en el siglo IV a. C. sus manifestaciones culturales fueron incorporadas a la cultura romana.

Las muestras encontradas en las tumbas de las necrópolis hablan de una riqueza y de una gran calidad de la decoración pictórica, en la que se aprecia una influencia de la pintura griega clásica; su organización se hacía en registros horizontales con escenas desarrolladas de forma lineal, reproduciendo la figura esquemáticamente mediante su silueta y con escasa profundidad y las superficies se cubrían con colores planos.

Las diestras manos de los artistas etruscos fueron especialmente sobresalientes en el desarrollo de las artes suntuarias, especialmente en las piezas cerámicas y en la realización de utensilios metálicos y orfebrería, debido a la abundancia de metales y preciosos en su territorio. Para estas creaciones se utilizaban además de los metales, las perlas, piedras preciosas o semipreciosas como la esmeralda o la amatista y esmaltes variados; con estos materiales se crearon un surtido número de objetos y adornos como collares, diademas, horquillas, pendientes, amuletos o joyas destinadas al rito funerario. En ellos se plasmaron variados motivos decorativos inspirados en la flora, las frutas, figuras humanas divinizadas o heroicas y animales reales o fantásticos. La figura del escarabajo tiene un valor simbólico y ocupa un lugar preponderante en la decoración, empleándose en joyas, vestidos, diversos utensilios o empuñaduras de espada.

Joyas fúnebres.

ARTE ROMANO

Un siglo después de la muerte de Alejandro Magno, en el lado occidental del Mediterráneo surgen dos estados republicanos que conservan en sus manifestaciones una gran influencia helénica. Por ello y por haberse formado en el sur del territorio que constituía Etruria, Roma plasmó hasta los años finales del siglo III a. C. en sus obras artísticas el estilo etrusco. El gran espacio geográfico que abarcó el imperio hace necesario hablar de distintas características del arte romano, mediatizado por el influjo helénico y las manifestaciones locales de los territorios que dominaban. En este lugar hay que señalar la gran capacidad de la cultura romana para la asimilación y la adaptación de las aportaciones que llegan de otras como la griega.

Las parcelas artísticas que más destacaron en el arte romano fueron la arquitectura y especialmente la pintura y el mosaico; éstas dos últimas heredaron procedimientos griegos y lograron una gran belleza y maestría. La pintura romana consiguió una acertada composición de las arquitecturas exteriores e interiores, los paisajes, o las escenas con personajes, y manejó la perspectiva, los recursos ilusionísticos y otros elementos compositivos como la disminución progresiva de los tamaños en la distancia o los indicios de profundidad. Todas estas características pueden apreciarse en las pinturas al fresco que se han encontrado en Italia central, Roma y especialmente en Pompeya, en donde se han estudiado una serie de etapas o estilos en relación a los peculiares rasgos de los frescos.

El llamado primer estilo o "de incrustación" se fecha a comienzos del siglo II a. C., aún tiene un marcado carácter helenístico y se caracteriza por la imitación de ricos y lujosos

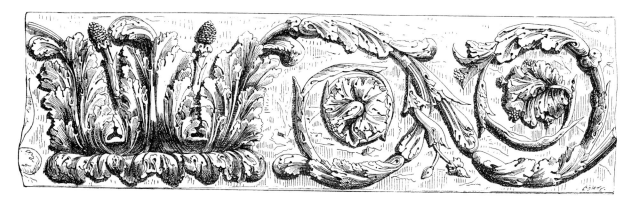

Fragmento de friso con ornamentación vegetal.

Mosaico de Pompeya realizado en mármol blanco y negro.

mármoles que se estructuran de manera tripartita en un zócalo, una zona media y el remate. El segundo estilo se denomina "arquitectónico" porque utiliza los elementos arquitectónicos como ornamentación y en él aparecen también mármoles y representaciones de figuras que forman escenas de carácter teatral. El tercer estilo marca un cambio en la estructuración de los soportes arquitectónicos, mientras las escenas continúan con la tradición, y en la transición del segundo al tercero se consigue un dominio de los elementos que sugieren profundidad. Después del seísmo que sufrió la ciudad de Pompeya en el año 62 d. C. se inicia el cuarto estilo, en el que también se persigue la verosimilitud arquitectónica pero se busca el efecto de eliminar los límites de la pared y hacer de ellas un escenario para los recursos ilusionistas: al ser esta pintura muy lujosa, la gran mayoría de las representaciones que se hacían en las viviendas mantenían las construcciones a base de mármoles como se hacía anteriormente.

Los mosaicos representaban variadas escenas de las vidas de los dioses, carreras de carros, retratos, composiciones geométricas, y con el tiempo fueron evolucionando desde los pavimentos de

Mosaico.

Friso grecorromano.

opus signinum, pasando por los realizados en el siglo II d. C. en negro y blanco hasta llegar a los mosaicos en los que se exhibe una importante policromía: el color era un importante vehículo de sensaciones, debido a que jugaba con las tonalidades para crear acercamientos, alejamientos o sugerir determinadas cosas al espectador. La composición también era variada, porque se utilizaban teselas de muy pequeño tamaño y también piezas de *opus sectile*, en mármol y de gran tamaño, con las que se creaban composiciones de carácter geométrico.

Los objetos de uso habitual en las clases acomodadas como los muebles, vajillas o lámparas se solían ornamentar con una elegante decoración de calidad, que en muchas ocasiones llegaba a ocupar toda la superficie de la pieza, debido al *horror vacui* que en muchas ocasiones predominaba.

ARTE CHINO

Debido a las peculiares características que envuelven la cultura china, que se mantuvo al margen de otras y conservó sus propias tradiciones, se observa en esta estética una continuidad en el tiempo y una permanencia de valores que sorprende. Hay en sus creaciones artísticas fantasía extrema y una gran variedad de motivos, que van desde temas florales, a nubes, rocas, paisajes, animales reales y fantásticos o insectos. Las formas son arbitrales, se trata de evitar la línea recta, los colores variados juegan un papel fundamental y simbólico. Hay algunas figuras decorativas que tienen un contenido simbólico, como los dragones, el perro de Fo, parecido a un león, el pájaro Fong-Hoang, que trae buena suerte, o el caballo sagrado.

Todos estos modelos y sus colores se transmiten con extrema fidelidad a lo largo de los siglos y permanecen invariables debido al aislamiento de la cultura china, sus tradiciones o ciertas reglas de la ejecución artística, en las que cada forma o color tiene un contenido simbólico; el color se aplica de manera convencional, y el cromatismo responde a una libertad completa. La ornamentación china se aplica a un gran número de objetos, mobiliario, biombos, cajas, abanicos, mamparas, también los tejidos, cristal, papel y por supuesto la cerámica y la porcelana, que alcanzó su apogeo en el periodo que va de 1465 a 1487.

La producción de porcelana que se hace en la dinastía Yuan adquiere una libertad de formas, colores y temas que no tuvo en épocas anteriores, donde la porcelana estaba ligada al emperador y a la corte; en estos momento se logrará una perfecta síntesis entre tradición e innovación y se harán piezas monocromas y barnizadas con tonos azulados, con detalles decorativos en relieve adheridos a la superficie que representan variadas flores, como peonías o crisantemos, utilizadas simbólicamente, diseños geométricos y temas del gusto musulmán que eran requeridos por los comerciantes de esta cultura que adquirían las piezas.

Con la dinastía Ming la porcelana conoció un periodo de esplendor sin igual y se caracterizó por la innovación decorativa; cada reinado imprimió en las producciones su huella personal y se producían un gran número de objetos no sólo para la corte sino para una cada vez más poderosa burguesía que solicitaba vajillas, juegos de té, regalos y ofrendas religiosas. Los

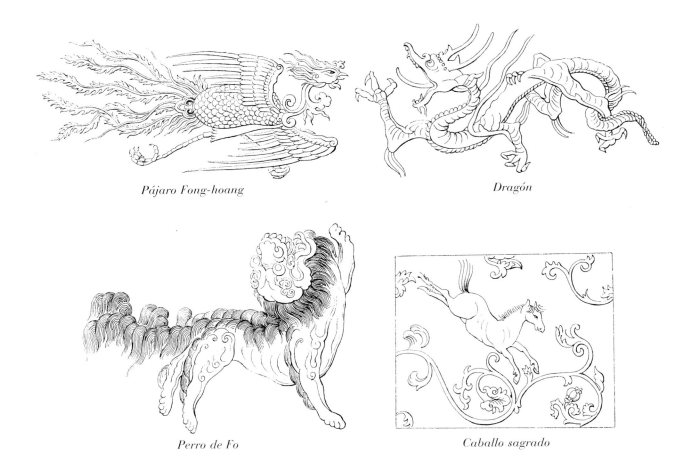

Pájaro Fong-hoang

Dragón

Perro de Fo

Caballo sagrado

motivos decorativos se eligen con sumo cuidado, conforme a un simbolismo que requiere que la decoración se adapte a la forma y armonice con ella sin superponerse. La decoración es viva, expresiva y como motivos principales se utilizan animales, flores, paisajes, personajes o símbolos,

Ornamentación aplicada a los marcos.

siendo los elementos caligráficos, que indican buenos deseos o dedicatorias, también en árabe, persa o sánscrito, y los motivos geométricos la decoración que se utiliza en los bordes o marcos de la porcelana.

La dinastía Qing aportó virtuosismo a la técnica, y los gobernantes, que carecían de la tradición artística y la sensibilidad chinas, prefirieron las creaciones nuevas, decorativas y distintas en espíritu a las que se hicieron anteriormente. La producción se diversificó en dos grandes grupos, uno de ellos destinado a las necesidades de la corte y el otro para consumo popular y exportaciones; la porcelana imperial se decoraba o coloreaba de determinada manera para mostrar el rango del personaje que la utilizaba. A partir del siglo XVII se van a hacer piezas de porcelana encargadas por europeos y americanos englobadas en el término de Compañía de Indias, y la decoración incluirá tanto motivos chinos como occidentales.

Los conceptos de utilidad y belleza no estaban disociados en el arte chino, de manera que los diversos objetos de uso corriente que se crearon fueron muy importantes desde el punto de vista estético; la laca, el jade, la seda, madera, el marfil o el cuerno de rinoceronte fueron utilizados como soportes de las más increíbles composiciones artísticas.

ARTE JAPONÉS

L as condiciones climáticas y geográficas de las islas dispuestas a lo largo del continente asiático propiciaron una característica forma de ver la vida en la que se observa minuciosamente la naturaleza como fuente de inspiración artística y se valora el detalle. Desde los periodos prehistóricos hasta el siglo III d. C. los objetos se ornamentan con incisiones geométricas, conchas o figuras y cabezas humanas; en los siglos III al VI la construcción de tumbas atraerá la realización de objetos de adorno y joyas, figuras humanas y de animales, cerámica para uso religioso y existirá un peculiar motivo decorativo que se utilizará en las tumbas, que es el chokkomon, formado por líneas curvas y rectas.

Se utilizan materiales como la cerámica, la laca o los tejidos y se mantiene una influencia de los diseños chinos; entre 1573 y 1614 la cerámica japonesa conoce un periodo de gran maestría, conocido con el nombre de Edad de Oro, en la que tuvieron lugar un gran número de adelantos técnicos que permitieron una rica y lujosa variedad de formas y motivos.

En los motivos decorativos japoneses hay un gran estudio de la naturaleza, especialmente de los pájaros, y existe un aspecto de la imitación más notable que en China. El color tiene un papel fundamental en las creaciones y convierte la atmósfera de éstas en vibrantes y emotivas; el cromatismo sirve como medio de separación o de relación entre las distintas partes. En las láminas dedicadas a este estilo se ven ejemplos del color como medio de separación, en el caso del color dorado, o como vehículo de relación entre motivos distintos.

ARTE INDIO

El arte indio trata de hacer evidente lo transcendental, lo divino y lo sagrado; sus creadores hacían su obra con este fin y no era entendido como una manifestación individual del genio sino como una obra social, que se destinaba a funciones rituales muy definidas. Todas las manifestaciones artísticas están subordinadas a la plástica escultórica, la arquitectura y la pintura se conciben como una creación de formas sugerentes y sensuales que surgen de la espiritualidad y transmiten al espectador calma y serenidad.

Motivo indio.

Toda la ornamentación india está presidida por la integración del hombre en la naturaleza, armonizando con el orden universal, que está presente en la filosofía de vida de la población india; por tanto, su iconografía está ligada a la naturaleza y toma de ella sus elementos para sus creaciones artísticas. Están presentes las flores, las frutas, palmeras, elefantes, los árboles y los ríos tienen un carácter sagrado y representan divinidades que favorecen la fertilidad de la tierra, el cuerpo y el alma; también la lluvia, el sol o el fuego, entre otros elementos, son símbolos sagrados. Las peculiares características cíclicas del clima monzónico explicará la presencia dentro de una misma manifestación artística de tendencias polarizadas como el idealismo y el realismo o la abstracción y el naturalismo; todo ello también se explica bajo la luz de la diversidad cultural que las diferentes razas que coexistieron en el mismo territorio aportaron, también en el arte las diferentes formas se mezclan armoniosamente, y se elige una tendencia determinada según sea la intención expresiva del artista.

Decoración de una sandalia india.

Es característica de la decoración india la profusión de motivos que rellenan toda la superficie, con una continuidad y plenitud basada en la repetición de motivos que contrastan con el color del fondo, que a veces es de color claro pero la mayoría de ellas es de color oscuro. De la ornamentación llama poderosamente la atención el instinto que hay en la elección del color, siempre armonioso, que da a la composición riqueza y reposo. En las láminas en las que se representan los motivos de la ornamentación india se pueden apreciar todas estas características explicadas anteriormente.

Debido al contacto con otras culturas, en muchos de los diseños que se utilizarán en la decoración india se hace presente la influencia de motivos chinos y persas.

ARTE ISLÁMICO

En la cultura del Islam el fenómeno religioso es de una importancia fundamental, de manera que éste condiciona totalmente la vida de la comunidad, sus costumbres, sus tradiciones y por supuesto, sus manifestaciones artísticas; todas las características del arte vienen configuradas por los preceptos religiosos del Corán, el libro sagrado del Islam que contiene la palabra de Alá revelada al profeta Mahoma, que rige la vida de los fieles. Este libro sagrado no es fuente de ilustración gráfica, es un texto recitativo, no existen imágenes sagradas y hay una clara preeminencia cultural y artística de la lengua árabe, por ser la lengua de la revelación divina, que transmite la palabra de dios. Por estas razones, la escritura árabe tiene un papel fundamental en las manifestaciones artísticas islámicas y su artífice adquiere un papel social muy relevante.

En la concepción islámica la idea de la divinidad está asociada a la idea de permanencia, es lo único que existe por sí mismo y que permanece: el resto de las cosas son mutables, temporales y perecederas. Esto también configura otros de los rasgos característicos del arte islámico, como son la plasmación de la idea de lo perecedero y la tendencia a la estilización, porque todas las representaciones se reducen a la geometrización. La naturaleza, los hombres, incluso el arte son efímeros, no permanentes, mutables y en todas las manifestaciones artísticas la incidencia de la luz en los objetos y la decoración de cerámica vidriada tienen una importancia de primera magnitud porque acentúan estos rasgos de mutabilidad y cambio, totalmente logrados cuando la luz de las diferentes horas del día se proyecta sobre los azulejos vidriados y ofrece una apariencia completamente distinta en cada momento.

Decoración arquitectónica islámica

En el arte islámico tiene un papel fundamental la decoración, que se aplica tanto a la arquitectura como a objetos de mobiliario, tejidos, o alfombras; aplicado a las construcciones logra un efecto tridimensional, de luces y sombras, que crea un ambiente ilusorio y mágico gracias a los materiales vidriados que se utilizan y que enmascaran los elementos estructurales del edificio. El repertorio de motivos que se utiliza en el arte islámico tiene una gran influencia de la decoración bizantina, grecorromana y helenística; es primordial en la utilización de la decoración el ritmo repetitivo con que se extiende por las superficies, no hay tensión entre los motivos, se mantienen en equilibrio, y son un vehículo conceptual de belleza objetiva, no expresan emociones.

Respecto a las representaciones de figuras humanas, en el Corán se hace referencia a la prohibición de los ídolos que los paganos tenían como objetos de culto, pero no se prohibe expresamente la decoración figurativa. Pero a pesar de esto, desde los primeros tiempos del Islam se aprecia una ausencia de figuras de animales y humanas en las mezquitas, posiblemente motivado por el deseo de los artistas de imitar en las mezquitas la tipología de la casa del profeta en Medina y por el episodio de la destrucción de los ídolos de la Kaaba. Debido a estos motivos, en el libro sagrado del Corán, en los muebles y en la arquitectura religiosa, se mantiene la ausencia de decoración figurativa, aunque si que aparece en arquitectura civil, objetos de uso y ornamentales, como esculturas, pinturas o mosaicos.

Uno de los motivos decorativos que más se utilizan en el arte islámico es el basado en la caligrafía, es decir, en la forma de las letras de su alfabeto; al carecer de representaciones figurativas, la caligrafía se convierte en un elemento ornamental de primer orden que además proporciona información sobre el edificio, los personajes que lo encargaron o su distribución. Hay dos tipos de letras musulmanas, los caracteres cúficos que son el estilo más solemne, y el nasjí, que se utilizó poco en la arquitectura pero sí en la realización de libros, especialmente ejemplares del Corán. El cúfico es el estilo más utilizado en la arquitectura, y varía desde una sencillez de los primeros edificios islámicos a un enriquecimiento que se aprecia a partir del siglo X en el que los caracteres se mezclan con elementos de flora.

Otra de las fuentes en las que se inspira la decoración es la vegetación y la flora, y sus motivos están basados en los motivos clásicos y bizantinos, por lo que se repiten palmetas, hojas de acanto, zarcillos, roleos y hojas de vid, etc.; los diseños de este tipo reciben el nombre de ataurique, y están formados por tallos vegetales continuos que a su vez se dividen en otros o vuelven al tallo central. Aunque se advierte la influencia de decoración anterior, estos motivos están tratados con un sentido de la simetría, de la multiplicación, la repetición y del desarrollo que son

Rosáceas islámicas.

característicos de este arte; en periodos posteriores se observa un creciente interés por la observación de la naturaleza y la reproducción fiel de los motivos.

Los motivos geométricos son otro de los repertorios más utilizados en la decoración islámica, y aunque también se inspiraron en formas clásicas adquirieron un espíritu nuevo que representa la creencia religiosa sobre la unidad divina y que se refleja en la sensación de prolongación infinita de los objetos. Su origen se encuentra en el trazado del círculo, que sirve de matriz para otras formas geométricas como los polígonos y sobre todo las estrellas, que logran diseños de gran complejidad; la decoración geométrica se desarrolló de una manera sorprendente gracias a los estudios matemáticos y geométricos de esta civilización. La diversidad de formas y el hábil uso del color en sus ricas tonalidades posibilita la sensación de diferentes planos y un efecto de tridimensionalidad.

Un elemento decorativo exclusivo de la decoración son los llamados mocárabes, formas tectónicas originadas de las trompas que permiten el paso de los muros a la cubierta y que se multiplican con las formas más increíbles hasta cubrir la trompa e incluso la bóveda. Fue uno de los elementos decorativos más utilizados en el arte islámico de España desde el siglo XIII y sirvieron para decorar muebles de uso religioso y doméstico, artesonados de madera y alfarjes.

La conquista de la Península Ibérica por parte de los musulmanes fue llevada a cabo con gran rapidez, entre los años 711 y 714 y ese territorio conquistado era denominado en las antiguas fuentes al-Andalus, por lo que el arte islámico en España recibe también el nombre de arte andalusí. Hasta el siglo XI la capital se ubicará en la ciudad de Córdoba y los dos periodos políticos que existirán serán el emiral cordobés y el califal cordobés; las manifestaciones artísticas de esta etapa están marcadas por el exquisito lujo de la corte, y se registra una importante producción de piezas en metales preciosos, bronce y marfil. Con estos materiales se realizaban

Pluma islámica.

cajas para sustancias aromáticas, joyeros, piezas de fuentes y otros objetos suntuarios. También existió una producción de tejidos diversos, de seda, algodón o lana, y de cerámica vidriada con una decoración en negro y verde.

Después de la destrucción del califato cordobés, a principios del siglo XI, el territorio de al-Andalus quedará fragmentado en diversos reinos llamados taifas, en los que se sigue en gran medida la tradición artística de los objetos suntuarios califales; este periodo de taifas terminará en 1090 con la invasión de los almorávides procedentes del norte de África, y tras su desaparición, el territorio se fragmentará políticamente hasta la etapa almohade, en la que destaca la confección de tejidos de oro y seda y la realización de manuscritos bellamente ilustrados. De nuevo la desintegración de la organización almohade dará pasó a un tercer periodo de taifas de los que solamente sobrevivirá el nazarí, siendo el primer sultán de esta dinastía, Muhammad I, quien toma la ciudad de Granada en 1237. A este periodo nazarí pertenecen obras artísticas tan representativas como el Generalife y la Alhambra, ambas en Granada, y su producción de objetos utiliza materiales como el cuero, madera, diversas telas, cerámica dorada y los jarrones llamados Vasos de la Alhambra, cuyos ejemplares más antiguos se decoran en dorado siendo posteriormente sustituida por la ornamentación en azul cobalto.

ARTE PERSA

En torno al año 900 a. C. el territorio del Irán era un mosaico de pueblos distintos; en el siglo VIII a. C. en el espacio entre el desierto y los Zagros se iniciaba la formación del reino medo con la existencia de varios reyes medos subordinados al rey de Asiria. El unificador y fundador del imperio medo fue Ciaxares, que aprovechó la guerra civil asiria desencadenada tras la muerte de Assur-bani-apli para expulsar a los escitas, ampliar sus territorios hacia el este y pactar la alianza con los babilonios, impidiendo que los persas que habitaban la región de Ansan firmaran pactos con Babilonia. Persia estaba gobernada por la dinastía aqueménida, sometida a la meda, y el nuevo territorio que estaba bajo el mandato del rey Astyages no tenía una verdadera cohesión, aunque participaban de una cultura similar.

Ciro II llega al trono en torno al año 559 a. C. y nueve años después derrota al rey Astyages, lo que significó la unión de medos y persas en el principio de lo que sería el gran imperio que ocupó posteriormente los territorios restantes de Anatolia, regiones del Irán e incluso lugares cercanos al Valle del Indo. Las manifestaciones del arte persa eran producto de una síntesis de diversas experiencias y en sus raíces se encuentran las influencias asirias y urartias, estas últimas llegadas a través de los medos, y de todos los pueblos conquistados por ellos; en los edificios persas trabajaban babilonios haciendo ladrillos, medos y egipcios decoraban y trabajaban el oro, y jonios y sardos se encargaban del trabajo en piedra, aunque los persas siempre mantuvieron su propia esencia cultural y su tradición.

El arte persa siempre ha expresado el gusto por los objetos bellamente realizados, con elegancia, detallismo y finura; los tejidos, alfombras, arneses o armas que se hacían fueron el principio de una tradición que todavía hoy se mantiene. La decoración fue siempre muy utilizada y se aplicó tanto a los objetos como a la arquitectura o los relieves, cuya rigidez no era signo de impericia sino de la manifestación estética de lo que se quería representar. La orfebrería fue un campo en el que los artistas persas destacaron, utilizando el oro, la plata, hierro, bronce y otros metales, y aplicando unas técnicas complejas que permitían trabajos magistrales en los que también se utilizaban piedras preciosas o semipreciosas y esmaltes; también se hicieron vasos, jarras, y otros objetos bellamente decorados con motivos vegetales, geométricos y animales reales y fantásticos. Esta perfección en la realización persa se extendió también a la cerámica, en la que sobresalió un tipo vidriado de color azul, y a los tejidos, realizados sin escatimar lujo y riqueza.

Posteriormente en el periodo sasánida, que comienza con el primer rey de la dinastía en el siglo III d. C., se siguen las tradiciones que venían de épocas anteriores, además del arte parto, pero se incorporan los rasgos de la lógica evolución temporal y por el contacto con otras culturas: debido a los intercambios comerciales y culturales, se conocerán las obras artísticas de China, India, Egipto o Siria.

En los estucos que decoraban los edificios aparecían motivos vegetales como palmetas, flores diversas, pámpanos o granadas: motivos geométricos como círculos, perlas, aves, distintos animales, escenas de caza o figuras humanas. La orfebrería vuelve a ser la manifestación del lujo y la riqueza del mundo fastuoso de la corte, y se realizan un gran cantidad de objetos como platos, vasos, jarras, y otros recipientes profusamente adornados. También las sedas, lanas, damasquinados y tapices sobresalen por su calidad y belleza, además de la cerámica, que influyó en la cerámica islámica. Los motivos decorativos utilizados en estas obras maestras del arte eran vegetales, animales, figuras humanas, y figuras fantásticas con cuerpo de hombre y cabeza de animal, llamados genios o yinns.

En el siglo VII los árabes conquistarán este territorio y esto será decisivo para las manifestaciones artísticas posteriores que acusarán el estilo y las técnicas típicamente islámicas. Esto se puede ver en la miniatura de manuscritos y en la caligrafía, ya que los persas adoptarán el alfabeto árabe y crearán un estilo de letra muy elegante: hasta la conquista mongola la decoración pictórica persa tiene una gran influencia de la miniatura árabe y de la decoración bizantina.

Inscripción persa sobre fondo vegetal.

ARTE BIZANTINO

Debido a las peculiares características de la cultura bizantina es complicado acotarla cronológicamente; tradicionalmente se han manejado las fechas de 324, en la que tiene lugar la fundación de Constantinopla como capital del Imperio, y 1453, fecha de la caída del Imperio a manos de los turcos, como el inicio y el final de este arte. Pero hay que tener en cuenta que los acontecimientos de la fundación de Constantinopla como capital del Imperio no significó el final del mundo antiguo y que también después de la toma de Constantinopla las manifestaciones artísticas bizantinas tendrán su reflejo en el arte de Europa oriental y Turquía. La formación de Bizancio se fundamenta en tres pilares que son la organización del Estado romano, el cristianismo y la civilización griega y en el siglo VII se producirá una crisis que transformará de manera importante los rasgos de esta cultura dando paso a lo que se conoce como propiamente bizantino.

En el siglo VI el Imperio romano de occidente había sido destruido por los bárbaros, mientras que en Oriente se había mantenido; el periodo justinianeo, así llamado por el emperador Justiniano I, será una etapa de continuación donde se mantienen las fronteras y pervive un arte heredado de la tradición romana. En los objetos suntuarios que se hacen en distintos materiales como el marfil, se siguen manteniendo los modelos clásicos, así como en los mosaicos y la escultura, en la que se hizo una gran producción de retratos para personajes sobresalientes y emperadores. Desde el siglo VI se generaliza el culto idolátrico a los iconos, que son representaciones idealizadas sobre tabla que se inspiraron en los retratos funerarios romanos y de los que se decía que algunos tenían una procedencia sobrenatural.

Debido a la prohibición que tenían los cristianos de hacer representaciones de dios, se utilizó un lenguaje de símbolos que pronto adquirió un perfil figurativo que mantenía el simbolismo; posteriormente la iconografía va evolucionando y se representa a dios mediante formas humanas. En el siglo VI se utiliza la iconografía del Cordero místico, el Cristo helenístico que es una figura de un joven sin barba, el Cristo siriaco, que es un hombre mayor con barba, o el Cristo de la Transfiguración. En el siglo VIII tendrá lugar un enfrentamiento entre los iconódulos, a favor del culto de las imágenes, y los iconoclastas, en contra de ello, y se sucederán una serie de emperadores que apoyarán la prohibición de este culto a las formas humanas que representaban lo sagrado, hasta que en el 843 se restablece de nuevo. Las imágenes sagradas serán sustituidas en muchos casos por una representación de la cruz sin ninguna figura. Este periodo tuvo consecuencias negativas para la producción artística y muchas obras anteriores fueron destruidas o sus temas sustituidos, pero tuvo una significación esencial en la formación de la cultura bizantina, rompiendo con la organización estatal romana e iniciando una nueva etapa que buscará como fuente la cultura griega.

El periodo que se extiende desde el año 843 hasta el saqueo de Constantinopla por venecianos y cruzados en 1204, está considerado como la edad de oro del arte, y en él tomarán cuerpo la nueva organización y el ideario de esta cultura que puede llamarse ahora típicamente bizantina. Hay una vuelta al mundo clásico que se tomará como inspiración para redefinir los fundamentos de la cultura y la vida, que se teñirán de un humanismo reflejado en todos los campos del saber humano; el léxico artístico trata de representar, además de los detalles que se pueden ver, lo inmaterial o espiritual.

El mosaico será la decoración bizantina utilizada para las construcciones religiosas, debido a que las teselas vidriadas y doradas sobre las que incide la luz dan idea del lujo que se quería expresar y de la utilización simbólica de la luz en la proyección de las iglesias. El mosaico de este periodo tenderá hacia el convencionalismo y la abstracción, y se separa de el naturalismo clásico que inspiró tipologías anteriores; junto con las pinturas, los mosaicos forman parte de los programas iconográficos que se plasmaron en las iglesias. La pintura al fresco se utilizó en la decoración de templos que no eran fundaciones reales y que estaban situados en las provincias del Imperio, ya que el mosaico resultaba muy caro. Las figuras pintadas eran más expresivas y representaban mejor ese dramatismo típicamente bizantino, debido a las características de la técnica pictórica; en algunos lugares se utilizó un modelo deudor de la iconografía paleocristiana, mientras que en otros se aprecia la influencia de la corte en las figuras más alargadas y con miradas melancólicas. En estas decoraciones tienen un importante papel los elementos arquitectónicos y de paisaje.

Ornamentos bizantinos existentes en la iglesia Theotokos de Constantinopla.

Bordado extraído de un evangeliario del siglo IIII.

También en la decoración de manuscritos se aprecia la influencia de la plástica antigua en la interpretación del espíritu bizantino, y la posterior orientación hacia modelos más hieráticos; los detalles se tratan con maravillosa exquisitez y se aprecia una clara influencia de la suntuosa decoración oriental.

Los diversos objetos que se hicieron en marfil evidencian esta influencia del mundo clásico e introducen en su decoración escenas mitológicas, distintos personajes, putti, ornamentación vegetal e incluso en algún caso el desnudo femenino. El arte suntuario conocerá un periodo de esplendor en el que se realizarán un gran número de piezas de muy variados materiales y usos, adecuadas a la corte bizantina. Los materiales que se utilizan son los metales preciosos como el oro o la plata dorada con esmaltes, piedras preciosas, cristal y perlas, y este lujo también se reconoce en la precisión con que se reproducen los detalles. Los objetos que se hacen son vasos de distintos tipos también utilizados para el culto, cofres, iconos, joyas, y antealtares llamados pala en los que se daba rienda suelta al lujo y la ornamentación y se plasmaban motivos vegetales, geométricos y figurativos. Estos mismos temas, junto con un variado repertorio de motivos zoológicos inspirado en los tejidos orientales que ya se utilizaba en la etapa de los iconoclastas, se utilizaban en la decoración de los canceles; en ellos aparecían diversos animales reales como toros o leones y animales fantásticos como esfinges o grifos, ordenados de forma continua y simétrica.

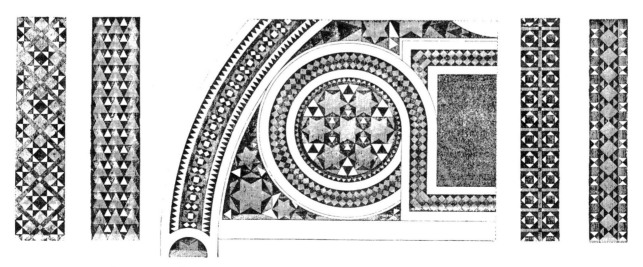

Fragmentos de mosaicos pertenecientes a la iglesia de San Lorenzo Extramuros.

Después del saqueo de Constantinopla a principios del siglo XIII el Imperio se fragmentará en Estados que intentarán proseguir con la tradición y favorecer el arte; la familia de los Paleólogos se hará con Constantinopla en 1261 y gobernará en ella hasta la caída de la ciudad en 1453. Con ellos se presenciará una revitalización de las manifestaciones artísticas, que mirarán también a Occidente y se pondrán en contacto con las formas del gótico italiano. La iconografía se hace más expresiva, se exageran las posturas, los gestos y los sentimientos, las escenas están teñidas de un realismo exagerado y se introducen nuevos temas iconográficos; debido a las dificultades económicas de este periodo la pintura será ahora la decoración más utilizada en la arquitectura.

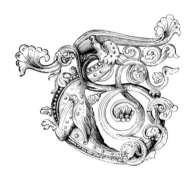

ARTE CELTA

Desde el siglo V a. C. los celtas fueron ocupando los territorios de Bohemia, la Galia, Irlanda y Gran Bretaña, la zona media del Danubio e Italia del norte, también llegaron a Grecia, los Balcanes o Asia Menor; de los pueblos y culturas que se encontraban en esos lugares fueron tomando técnicas y estilos que luego adaptaron a su peculiar forma de expresión. Utilizaron la decoración para cubrir tanto objetos de uso diario como de lujo, una decoración que huía de la imitación mediante la transformación de todos los temas, vegetales o figurativos, y el encadenamiento de esos motivos.

Los objetos en los que se aplicaba la decoración eran diversos tipos de armas como puñales o espadas, escudos, adornos para los trajes como fíbulas, collares, pulseras, alfileres para el cabello, torques, copas, o recipientes para los líquidos y numerosos objetos de cerámica. Utilizaron especialmente los metales para la realización de las piezas, oro, cobre, plata, también vidrio, coral, perlas o ámbar; muchos de los motivos decorativos tenían una función simbólica o mágica y servían de protectores, como las figuras de serpientes, cuadrúpedos, dragones, pájaros, ojos o rostros humanos, mientras que la decoración vegetal y las líneas curvas evocan el movimiento, la vida o el dinamismo.

Trenzados celtas.

Motivo celta.

Inicial celta.

Motivo celta.

Desde el siglo VII d. C. aparecen manuscritos bellamente ornamentados en los que aparecen dos estilos decorativos diferentes, uno de ellos inspirado en motivos locales celtas que es más frecuente en Irlanda y otro de tradición germánica, más arraigado en Gran Bretaña; el estilo local presenta un carácter más geométrico, con predominio del grafismo caligráfico, la línea y el entrelazo, mientras que la otra corriente tiene una expresión más suelta, naturalista y aparecen muchas figuras de animales de tradición oriental. Aparecen espirales, figuras de animales influenciadas por la decoración de las piezas de orfebrería, y figuras humanas que se simplifican mucho; son muy importantes los colores usados en las figuras y el cromatismo de los fondos. La decoración se prefiere especialmente en las primeras páginas del libro, en las primeras líneas o en sus iniciales, que muchas veces se convierten en complejos diseños de profusa ornamentación. En el siglo VIII se realiza una producción importante de diversos libros de lectura de uso personal y evangeliarios, y su decoración se aprecia una evolución de lo anterior fusionando motivos mediterráneos y antiguos; esta fusión tendrá su punto álgido en el siglo IX en el que se harán ejemplares que serán un crisol de corrientes variadas.

Esta decoración vegetal, geométrica y de entrelazos citada anteriormente también está presente en la orfebrería, que utiliza combinaciones de oro, vidrio y esmaltes en sus piezas, y en la escultura, representada fundamentalmente por las cruces de gran tamaño que sustituyen en el siglo VIII a las antiguas estelas monásticas y en las que, además de la anterior ornamentación, aparecen escenas de la vida de Cristo y del Antiguo y Nuevo Testamento.

ARTE ROMÁNICO

A pesar de la problemática con que se encuentra el estudio de las manifestaciones artísticas del llamado arte románico, debida a su diversidad geográfica y a la tradición de la historiografía, éste se fragmenta en tres periodos que tendrán características distintas y límites cronológicos diferenciados según el territorio; estos periodos son denominados primer románico, desde finales del siglo X al último tercio del siglo XI, románico pleno, desde el fin de la etapa anterior hasta mediados del siglo XII y tardorrománico, desde el tercer cuarto del siglo XII hasta el primer cuarto del siglo siguiente.

La decoración escultórica aplicada a la arquitectura del primer periodo muestra la herencia de la tradición prerrománica, con composiciones esquemáticas realizadas con una técnica arcaizante y siempre en función del marco arquitectónico en el que se encuentran. El lenguaje arquitectónico sí ha dejado muestras que pueden ser estudiadas pero no ocurre así con otras artes, en las que no se puede seguir un hilo conductor porque carecemos de ejemplos: esto último es lo que ocurre con el estuco, que se supone que jugó un papel clave en la decoración de los edificios. Los motivos ornamentales que se utilizaban eran animales, escenas figurativas, figuras humanas y vegetación.

La experimentación que conoció la arquitectura no tuvo lugar en otras manifestaciones artísticas, en las que se continúa con el lenguaje y las formas precedentes; la ornamentación de manuscritos bebe de la tradición carolingia y se harán algunos ejemplares muy lujosos en los que

Bordado extraído de la Biblia de San Martín de Limoges, del siglo X.

Bordado extraído de un evangeliario del siglo XI.

Policromía y Ornamentación

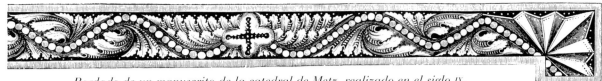

se utilizarán, por ejemplo, letras de plata y oro sobre fondo púrpura. Algunos centros de producción franceses reflejarán en sus piezas la cercanía con las producciones insulares mientras que en la Península Ibérica las formas carolingias se reinterpretaron bajo la luz de las tradiciones propias: los pocos ejemplos de objetos suntuarios que permiten el estudio demuestran la supervivencia de modelos bizantinos y europeos.

En las últimas décadas del siglo XI, en el comienzo del periodo del románico pleno, la cultura de los diversos lugares de Europa se homogeniza y llega a todos los puntos geográficos debido fundamentalmente a varios factores, como la presencia de comunidades monásticas que lleva a cabo diversas iniciativas reformadoras, las mejores comunicaciones que favorecen los intercambios de personas e ideas, las universidades cuentan con gente que llega de otros lugares y la reforma gregoriana, que busca la unificación del ritual.

Los templos y las construcciones monásticas se decoraban con variada ornamentación que estaba inspirada por un sentido didáctico y moralizador, ya que la teoría de San Bernardo y otros

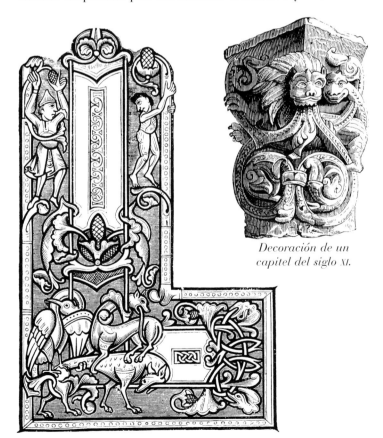

Decoración de un capitel del siglo XI.

personajes carolingios sobre la preferencia de utilizar sólo la decoración en las iglesias y edificios del clero secular pero no en las construcciones de los monjes sólo era seguido por algunas comunidades. Esta decoración se concentrará especialmente en la portada y en el claustro y heredará de la tradición tardorromana, que se conserva a través de los sarcófagos romanos presentes en las iglesias, el estilo y el lenguaje iconográfico. En los modelos pictóricos será fundamental la aportación técnica y estilística que llega de Bizancio a través de Italia y la influencia iconográfica del mundo paleocristiano difundida por el

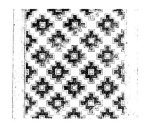 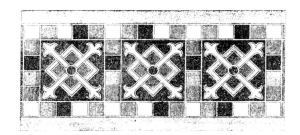 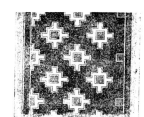

Esmaltes de una iglesia alemana realizados en el siglo XII.

Imperio carolingio; esto dará lugar a una representación abstracta, dominada por el grafismo, sin referencias a la perspectiva y con una gama de colores que va del azul, amarillo, verde y rojo a otros colores logrados mediante la mezcla, además del negro y el blanco que se utiliza para iluminar los objetos.

La decoración de manuscritos también refleja la síntesis de tendencias comentada anteriormente, así como la de la orfebrería: en Inglaterra tendrá lugar una fusión de los elementos insulares locales y continentales y la decoración de manuscritos inspirará el trabajo de tejidos y marfiles.

El periodo tardorrománico es un momento de fortalecimiento de soluciones anteriores buscando un efecto visual y también de introducción de nuevas fórmulas artísticas; es fundamental para las manifestaciones de este periodo la aparición de las primeras soluciones del estilo gótico, con las que convivirán. Se busca una belleza estilizada y un cierto atisbo de realismo que no se traduce sin embargo en una representación puramente realista, sino convencional. Las fuentes que servirán para la búsqueda de estilos y formas siguen encontrándose en modelos franceses, y adquirirá importancia la estética insular: las formas bizantinas seguirán inspirando el arte de este periodo y su influencia se dejará sentir especialmente en la pintura y la decoración de manuscritos.

En el último cuarto del siglo XII comienza en Limoges una importante producción de esmaltes de gran repercusión, favorecida por el impulso que tendrá la técnica y que permitirá la sustitución del oro por el cobre.

ARTE GÓTICO

Como ocurre con otros estilos artísticos, es una labor complicada reunir con un solo término el arte que se hace en un territorio tan amplio durante varios siglos, pero por las necesidades de la descripción se denomina gótico al estilo que en la Isla de Francia comienza hacia 1140 y que en otros lugares, como la Península Ibérica, se retrasa y no se generaliza en Europa occidental hasta el siglo XIII, poniendo como límite cronológico superior la fecha de 1500.

Desde sus inicios hasta mediados del siglo XIV el arte gótico tendrá una serie de características que en escultura se traducirán en la ubicación de la decoración escultórica va a sufrir un cambio con respecto al románico, ya que en este periodo se concentrará en el exterior del edificio, especialmente en las fachadas, siendo la temática vegetal una de las más utilizadas en el interior de la construcción. Aunque es muy difícil generalizar, algunos de los rasgos que se pueden distinguir en la escultura de este periodo es la tendencia hacia un naturalismo en el que prevalece la idealización y un alargamiento de las proporciones.

Fragmento del coro de Notre-Dame de París.

Durante el siglo XIII y la primera mitad del XIV Italia e Inglaterra adquirirán un gran protagonismo en la miniatura y la pintura, creando modelos que se difundirán en otros territorios. La miniatura tuvo un desarrollo importante, su producción se diversificó existiendo también scriptoria de carácter laico y su clientela aumentó considerablemente, ya que la nobleza también requería libros iluminados. Por ello se van a pedir muchos salterios devocionales, además de biblias ilustradas o el *Libro del Apocalipsis*. Esta miniatura heredaba muchos aspectos formales de la vidriera, y presentaba una composición en dos dimensiones, con figuras planas, dibujadas mediante una línea, de rostros idealizados,

Detalle decorativo de la catedral de Colonia.

situadas en un fondo ornamentado con motivos heráldicos o geométricos; el color del fondo se elegía entre las tonalidades del oro, que se utilizaba junto con los colores vivos también en las figuras. La miniatura que se hará a principios del siglo XIII en Francia refleja la influencia que tuvieron en ella los modelos ingleses: en estos momentos la técnica decorativa deriva de la de la vidriera, de manera que las escenas estaban enmarcadas por círculos dentro de un acotamiento ornamental. Posteriormente las figuras se harán más alargadas y se las dota de movimiento, circunscritas a un marco decorativo que reproduce los diseños arquitectónicos góticos; en los últimos años del siglo XIII los fondos decorativos se vuelven neutros, las figuras adquieren volumen y perspectiva gracias al tratamiento de los ropajes y matices de luces y sombras.

En las miniaturas inglesas se utilizan los colores planos y brillantes, y los fondos aparecen dorados creando un espacio abstracto; en la tercera década del siglo XIV la miniatura acusará una influencia de la pintura italiana, lo que significará una renovación de la temática, la técnica y el dibujo de las figuras. En la Península Ibérica se siguieron los preceptos de las miniaturas francesas e inglesas para las obras que se hicieron en Navarra y Castilla, a los que se suman los de la pintura italiana para las miniaturas de Cataluña y Aragón.

Un capítulo aparte merece la ornamentación de las vidrieras, que adquirieron un papel fundamental en la estructuración de la arquitectura gótica que cada vez se hacía más liviana y tenía

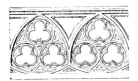

Detalles de la catedral de Colonia.

más vanos; La vidriera tenía una misión iconográfica que anteriormente tuvieron las pinturas murales románicas y especialmente una función simbólica como tamiz de la luz, que llegaba al interior del edificio matizada por los diferentes colores y ejercía sobre los espectadores una impresión subjetiva. Los colores que más se utilizaron fueron los rojos, verdes y azules de tonalidades muy vivas y el dibujo se hacía mediante una línea oscura; los motivos decorativos eran variados y se utilizaban repertorios extraídos de la hagiografía, las leyendas, escenas religiosas, vegetación, motivos geométricos, figuras alegóricas, diversos personajes como escribas y payasos o flora.

Con el llamado Gótico Internacional, el estilo europeo que comienza en torno a 1400, se fusionan los modelos decorativos del gótico francés e italiano aunque seguirá existiendo una variedad estilística importante. Los motivos decorativos se hacen imprescindibles porque se busca el placer visual, lo bello, los colores adquieren el protagonismo que antes tuvo el dibujo de la línea en cuanto a modeladores y definidores del volumen, los detalles y lo anecdótico ganan terreno en la ornamentación.

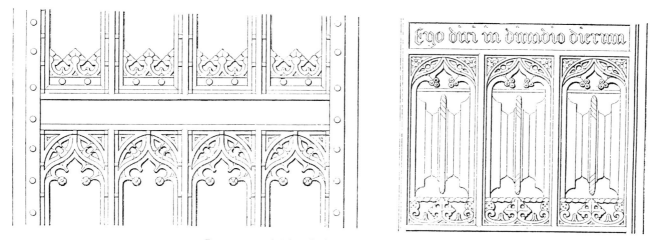

Puertas esculpidas de la abadía de San Alban.

En torno a París existirá un importante foco de iluminación de manuscritos que se diversifican produciendo un gran número de ejemplares de variada tipología, entre los que se encuentran los *Libros de Horas, los Salterios, las Horas,* libros de viajes fantásticos y reales o traducciones de libros de la antigüedad. Eran manuscritos muy lujosos y ornamentados profusamente con variados y refinados motivos vegetales, de iniciales y figurativos en los que se utilizaba el oro y todos los recursos al alcance para obsequiar las miradas. Muchos de estos motivos de las miniaturas inspiraron la ornamentación de las vidrieras, que en el siglo XIV también incorporarán otros temas como el Antiguo y Nuevo Testamento que se interpretarán de manera simbólica, las Virtudes y Vicios o las inscripciones, utilizadas como decoración más que como motivo explicativo. En el siglo XV se incorporan al repertorio decorativo

los elementos arquitectónicos o el llamado "bosque alemán", una decoración de tipo vegetal que se fue complicando paulatinamente y se incorporaron aves, insectos o motivos arquitectónicos. También cambiará la técnica, ya que se sustituirá parte o la totalidad de la composición de cristales unidos con plomo por el vidrio pintado.

En el último periodo del gótico se aprecia un cambio que proviene de Flandes y que hace perder la supremacía de París como centro de atracción de artistas. En los Países Bajos se copiarán un gran número de manuscritos durante el siglo XV y ahora la pintura también aportará novedades al estilo. En ciertos libros como las *Horas*, se dejan espacios para que el comprador pueda estampar su heráldica, y se hacen otros tipos como textos literarios e históricos. Los motivos vegetales que se utilizaban anteriormente en la decoración de los libros se sustituirá en gran parte por fondos dorados o amarillos sobre los que se sitúan diversos motivos como flores o animales tratados con una sombra que propician efectos ilusionistas y de perspectiva. Dentro del Imperio se puede ver en pintores que trabajan en torno a 1500 una convivencia de los modelos tardogóticos con la tímida entrada de los nuevos renacentistas.

Decoración de un evangeliario latino.

En cuanto a la orfebrería, queda constancia de que se hicieron muchas piezas que se han perdido en su mayoría, por la posibilidad que tenían de ser refundidas. Se utilizaron el oro, perlas, esmaltes y piedras preciosas, con los que se hacían copas, relicarios, formas de naves que eran muy apreciadas, collares, objetos litúrgicos como custodias o cruces procesionales. Los tapices también se cultivan y se utilizan para decorar muros o servir de ornamento en determinadas ocasiones como fiestas; a partir de 1400 ciudades como París, Arrás, Tournai o Bruselas serán importantes centros de producción.

ARTE DEL RENACIMIENTO

El arte del Renacimiento no fue una manifestación unitaria, sino un conjunto de tendencias que varían estilísticamente unas de otras y tienen cronologías no siempre coincidentes; en lo que sí se coincide es en la creencia común de los artistas de que su obra suponía una ruptura formal con el pasado inmediato, y una recuperación, vista desde nuevos prismas, de los modelos de la Antigüedad. Esta idea no fue sólo apoyada por los artistas, sino que formó parte de una conciencia común que también compartían los humanistas y los escritores, que realizaron una importante labor de compilación, recuperación y difusión de los tratados escritos en la antigüedad y de sus preceptos artísticos; por tanto, el arte clásico sirvió de referencia en las manifestaciones artísticas renacentistas, ciñéndose a ellos o intentando superarlos. Pero esto no significó que en este periodo no se siguieran utilizando las formas y los medios aprendidos de la Edad Media, que también estuvieron presentes en el arte renacentista, caracterizado por ser un compendio de diversos elementos procesados a través de la experimentación.

A través del estudio científico de los tratados y de las técnicas, se quería llegar a un nuevo concepto de belleza y a unos nuevos cánones de proporción y espacio; en un principio se intentó

Colgante realizado por Benvenuto Cellini.

elaborar una teoría general del estilo renacentista clásico por parte de algunos artistas como Leonardo da Vinci o Bramante, pero la imposibilidad de dar solución a todos los problemas y la rigidez de sus premisas, provocaron una reacción contraria a las normas, que se manifiesta en el manierismo del siglo XVI y en todas las actuaciones libres y anticlásicas, acrecentadas por la difusión del renacimiento desde Italia al resto de Europa y al descubrimiento de América.

Las ruinas de la antigüedad clásica sirvieron como fuente de inspiración para muchos artistas renacentistas como Mantegna, y su estado de deterioro fue el punto de partida de una reconstrucción teórica vista desde el nuevo

Decoración vegetal del siglo XI.

estilo: las descripciones antiguas de monumentos, los tratados clásicos como el de Vitrubio, otros textos clásicos como la Historia Natural de Plinio el Viejo, fueron también recursos utilizados por los artistas, así como los textos filosóficos clásicos, que sirvieron como fundamento conceptual.

Algunos grupos sociales demandan un nuevo sistema de representación y esto hará que se modifiquen las relaciones entre la imagen profana y la sagrada, y se establezcan criterios de "concordatio", basados en el neoplatonismo y presentes, por ejemplo, en la iniciativas de Julio II; se quiere armonizar cristianismo y clasicismo, mientras que el arte tiene la doble función de propaganda del poder y doctrinal. También las decoraciones que realiza Rafael en el primer cuarto del siglo XVI en las estancias del Vaticano constituyen un definido programa doctrinal, en el que es necesaria la visión de la totalidad de las estancias para cerrar el significado, que se

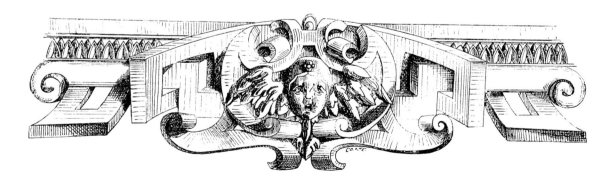

Ornamentación de la época de Francisco I.

Decoración con rolutas, figuras y vegetación del periodo de Enrique II.

concentra en la verdad, la acción de dios a favor de la Iglesia, y la intervención de ésta en los temas terrenales.

La crisis del modelo neoplatónico favorecerá la aparición de unas nuevas formas de representación que tienen en la sofisticación o la expresividad de las imágenes religiosas algunas de sus características. Esta nueva valoración del arte y el mundo clásicos, y los nuevos caminos por los que se dirigen los humanistas en el renacimiento, son respuestas laicas contra el mundo cultural ofrecido por el poder religioso. Aunque los temas religiosos se sigan ejecutando, las funciones o finalidades de éstos pueden ser otros, y estar relacionados con el status o la representación de la clase social del comitente, es decir, del personaje que encarga la obra: el arte servirá a la política, las relaciones diplomáticas y las de poder, siendo un empeño visible el atraer artistas a su círculo por parte de los poderosos.

El terreno donde antes se manifestó el nuevo lenguaje fue en la escultura, cuando se convocó un concurso en los primeros años del siglo XV para ejecutar las segundas puertas del Baptisterio de Florencia; también se realizaron algunas experiencias en escultura exenta, intentando dotar a las obras de proporciones clásicas. Uno de los aspectos que más preocupó a los artistas fue la perspectiva, que dotaba de significado temporal y espacial a las composiciones, que

Detalle decorativo de la época de Carlos IX.

ahora adquirirán un sentido tridimensional conseguido a través de una visión monofocal en el que el ojo del artista es el indicador. En este nuevo lenguaje el tamaño de las figuras y de los objetos, los elementos decorativos y los colores, van a ser un elemento indispensable en la creación de las

Ornamentación con máscaras, volutas, vegetación y putti, del periodo de Enrique II.

composiciones, e incluso la arquitectura adquirirá un sentido figurativo que favorece la perspectiva. Las composiciones arquitectónicas serán utilizadas como escenarios de las composiciones y como elemento acotador, actuando como marco de ellas.

Dentro de este nuevo lenguaje renacentista ocuparán un papel muy importante las soluciones y formas adoptadas en la Edad Media, unas veces de manera consciente y otras desconociendo el origen de una determinada solución; por ejemplo, la decoración de taracea que se aplicará como revestimiento se hace pensando que es una solución clásica, cuando ya se hacía en el

Frisos ornamentados con volutas, máscaras, animales, uvas y putti.

románico toscano, y que tendrá una gran importancia porque servirá de banco de pruebas de composiciones matemáticas y geométricas; el bicromatismo utilizado en los primeros momentos, que también responde a un error histórico. El empleo del color oro en la decoración, ampliamente utilizado en el Gótico Internacional, creador de una atmósfera atemporal y metafísica, venía a ser una manifestación anticlásica porque se defendía el espacio diáfano y conmensurable, pero sin embargo siguió siendo utilizado durante el siglo XV.

Los fondos utilizados en las distintas manifestaciones artísticas cobran en este periodo una gran importancia, y estarán integrados por paisajes y elementos naturales, arquitecturas, escenas mitológicas o astrológicas, además de marcos escenográficos variados en los que se lograron efectos ilusionísticos en los que hasta el más insignificante objeto contribuía al efecto y se buscaba el detallismo anecdótico. En la segunda mitad del siglo XV la decoración basada en la mitología y la alegoría profana se generaliza y es una pieza capital en la ornamentación de villas y palacios, y dependerán de la

Decoración a modo de marco, realizada a mediados del siglo XVI.

elección que haga el comitente. Así, por ejemplo, las decoraciones que encargarán los personajes del círculo de Ficino en Florencia reflejarán los preceptos del humanismo.

El color también tendrá un importante papel en la estética renacentista, y se utilizará como recurso para conseguir perspectiva y espacio tridimensional; las gamas frías servirán de vehículo de alejamiento mientras que la gradación de los tonos en los contornos de las figuras también indicarán su posición en el espacio. La luz también establece el espacio y da cuerpo a los objetos y figuras, siendo en algunos casos un elemento irreal y fantástico y en otros natural y la teoría de la simetría, armonía y de la relación de las partes será importante en el nuevo lenguaje y tendrá su reflejo en la ornamentación.

A finales del siglo XV comienzan a hacerse visibles de manera sistemática las manifestaciones renacentistas en el resto de Europa; a pesar de que durante todo este siglo la arquitectura europea había acusado una continuidad con el periodo anterior, en las artes figurativas no ocurre lo mismo y se renuevan desarrollando el modo de representación flamenco, que no se basaba específicamente en la recuperación de modelos clásicos. En la decoración de los objetos, tapices y tejidos, vidrieras, esculturas o pinturas, estuvieron presentes este nuevo modo además de las pervivencias del Gótico Internacional. El lenguaje específicamente italiano se adoptó no por una necesidad formal de renovación, sino como medio de propaganda y prestigio; los medios de difusión en Europa del lenguaje italiano fueron los propios artistas italianos que llegaban allí, los viajes que artistas europeos hicieron a Italia, y en los casos en los que no había viajes, por medio de las obras importadas o grabados que tenían repertorios decorativos, lo que hizo que inicialmente el nuevo lenguaje se adoptara antes en la decoración que en los elementos estructurales

Decoración procedente
de la Cartuja de
Pavía.

Motivo decorativo
atribuido al artista
Jean Cousin.

Decoración procedente
de la Cartuja de
Pavía.

de la arquitectura, que seguía siendo gótica. Se adoptó con facilidad el grutesco, un motivo decorativo que aparecía frecuentemente en los grabados, lo que facilitó su difusión. La decoración plateresca, específica de las primeras décadas del siglo XVI no sólo en España sino también en Inglaterra, Alemania o Francia, funde elementos góticos e italianos en composiciones también góticas y renacentistas.

En la segunda década del siglo XVI se observa una tendencia que rompe con el sistema de proporciones, de principios y de normas inmutables, adopta nuevos encuadres, el color tendrá otra textura y con ello se multiplicarán las posibilidades de creación e invención. El Manierismo adopta un lenguaje que atenta contra la norma del renacimiento clásico y tiene un carácter esencialmente italiano. La obras de este periodo de artistas como Tiziano o Miguel Ángel son fundamentales en el paso del sistema clásico al manierista, en el que se utilizan los mismos elementos pero con nuevos lenguajes y procesos formales en los que la experimentación juega un papel fundamental. El manierismo será una manifestación lúdica, donde el juego está presente siempre, y cortesano, porque los personajes cortesanos y príncipes que encargarán las obras quieren que el

Otro motivo decorativo renacentista.

juego siga presente en el arte. Por esta razón aparecerán como motivos decorativos un gran número de figuras extraídas del mundo fantástico y monstruos, en los que el capricho decorativo es llevado a los extremos: el mundo de la ornamentación se enriquecerá considerablemente de motivos variados procedentes de la fantasía, la ficción y la irrealidad. Junto con esta vertiente también aparece otra más severa que tiene su origen en el estudio y el uso de los sistemas de representación clásicos.

La concordancia entre cristianismo y cultura clásica neoplatónica no tuvo su eco en Europa por no haberse difundido esta filosofía; tendrá lugar una renovación de la religión debida al movimiento humanista del erasmismo, y que inducirá a la Reforma luterana. Todo esto

Motivo decorativo realizado en la época de Enrique III.

influirá en los modos de representación de la imagen sagrada y por extensión del arte, que estará muy influenciado por el humanismo. Una de las diferencias que se encuentra en el norte de Europa respecto del renacimiento clásico italiano, es la presencia del repertorio de monstruos, ya utilizados en la Edad Media, pero que ahora adquirirán un nuevo sentido, donde la animalidad presenta unos nuevos rasgos, lo monstruoso es un camino hacia la verdad y se presenta al hombre mismo como animal.

ARTE DE LOS SIGLOS XVII Y XVIII

Las manifestaciones artísticas que se hacen en Europa e Iberoamérica durante el siglo XVII hasta la mitad del siglo XVIII se formulan dentro del estilo barroco, aunque estos límites cronológicos son artificiales y las experiencias barrocas conviven con otros estilos, teniendo en cada país una personalidad propia.

El siglo XVII es un periodo de profundos cambios en el campo de la filosofía, la economía y la ciencia, se desarrolla el llamado estado moderno y se cuestionan los planteamientos religiosos y teológicos y se busca un equilibrio entre los secular y lo religioso, que sucumbirá ante la fuerza con la que surge la ciencia empírica y la razón en el mismo siglo XVII, y que anuncia el final del barroco. Se buscó un sistema de representación ideológico y artístico, que se apoyaba en los criterios dinámicos y sensoriales y seguía utilizando soluciones aportadas por el clasicismo; esto significó una búsqueda de la naturaleza, la presencia en el arte de las emociones y sentimientos, el realismo en la representación de la figura humana, en fin, una visión naturalista que transformó temas anteriores como la mitología o las representaciones religiosas y desarrolló sorprendentemente el paisaje, la pintura de género y la naturaleza muerta. Esta búsqueda del realismo visual se relaciona con ese gran avance de la ciencia en este siglo y con una autoafirmación del conocimiento secular, y en él se encontrarán los elementos tanto físicos como espirituales y psicológicos del ser humano.

A pesar de esto, en la esencia de este naturalismo barroco se encuentra una gran profusión de contenidos retóricos o emblemáticos y símbolos que es necesario conocer para entender el significado del arte que se hace. Las manifestaciones artísticas fueron utilizadas por el poder religioso como medio propagandístico pero también lo fue de los estados absolutistas, que buscaron los efectos retóricos, sorprendentes y efímeros de este arte para impresionar por su lujo. La decoración tendrá los mismos criterios y buscará estos efectos, aplicándose a todas manifestaciones artísticas con profusión.

Todo lo expuesto anteriormente confirmará un interés especial por la luz, el espacio y el tiempo; en cuanto a la luz, es fundamental en el arte barroco y especialmente en el lenguaje naturalista, los contrastes entre luces y sombras tienen una gran carga de contenido simbólico y fue la protagonista de muchas imágenes emblemáticas. El espacio será utilizado para eliminar las fronteras entre lo real y lo ficticio, se busca sugerir la prolongación infinita del espacio, para que adquiera una dimensión ilusionista; el trompe l'oeil, el teatro y la arquitectura efímera, responden a estos requerimientos. La indicación de movimiento de muchas obras barrocas sugiere tanto el espacio como el tiempo, y se persigue la idea del paso y mutabilidad del tiempo, los aspectos cambiantes y efímeros.

Los motivos pictóricos y su lenguaje fueron utilizados como vehículo didáctico y transmisor de los ideales de la Contrarreforma en los países católicos y como reflejo del poder de los estados y de sus gobernantes; los elementos simbólicos se convierten en advertencias, se hace patente la fragilidad del ser humano, la mitología encierra lecciones morales y se presenta la sobrenatural como algo normal. La pintura y la decoración barroca utilizan los colores vivos y contrastados, los efectos de la iluminación y las sombras como recursos estilísticos y el movimiento marcado de las figuras. En los motivos que se utilizan en la escultura y el relieve se advierte un deseo de reflejar el movimiento, lo dinámico, el realismo, la expresividad, las búsqueda del color y la representación imitativa de distintos materiales; el gusto por lo clásico se sigue manteniendo. En este periodo van a tener un gran desarrollo las decoraciones aplicadas a los interiores y los exteriores arquitectónicos de

Decoración extraída de la iglesia de San Esteban, en París.

riores y los exteriores arquitectónicos de todo tipo, se realizan jardines con exquisita decoración, que también llega al urbanismo a través de las fuentes y otros monumentos. Se busca el efecto teatral, de sorpresa y emoción, y para ello se utilizan variados materiales como los mármoles, distintas piedras, plomo pintado, bronce natural o dorado, etc.

En este periodo del barroco se realizan muchas piezas de todo tipo, especialmente las destinadas a la ornamentación, que son muy difíciles de asignar a un determinado género artístico; se demandan variadas decoraciones de estuco, tapices, tejidos, objetos de porcelana, cristal, cerámica o piezas de orfebrería, decoraciones y composiciones efímeras para

*Pieza de joyería realizada
en el siglo XVIII.*

ornamentar calles, plazas, fiestas religiosas o reales, mientras que el mueble experimenta una evolución, una riqueza y una variedad muy importante, no vista hasta ahora, para responder a las necesidades de lujo y ostentación de las clases altas. Tal fue la importancia de estos objetos, que se llevaron a cabo por parte de varios países intentos de crear y mantener una industria nacional que respondiera a las demandas de estos objetos para la corte y la nobleza, se contrataron a los mejores artistas y artesanos, se aplicaron los avances científicos para mejorar la producción y se organizaron manufacturas especializadas para ello.

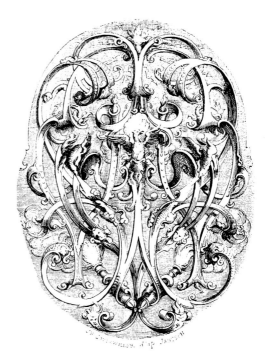

Motivo decorativo realizado por Janssen.

Los tapices fueron uno de los objetos más demandados, y existieron buenos talleres en Francia, el de los Gobelinos, en España, Baviera o Nápoles; estos tapices eran requeridos para ornamentar las paredes de las residencias y palacios y en ellos se representaban escenas mitológicas, populares, religiosas o de leyendas. Para la realización de diversos objetos se van a utilizar variados metales preciosos como la plata y el oro, además de cristal, marfil o nácar, que tomarán forma en objetos litúrgicos, vajillas, mobiliario u objetos de sobremesa. Las piezas de cerámica fueron especialmente vistosas en los centros de producción holandeses, y estaban distinguidas por una característica decoración de ramos de flores de color azul y guirnaldas.

*Decoración tallada en oro, un trabajo
francés realizado en el siglo XVII.*

Mientras que la renovación del lenguaje artístico se gestaba y desarrollaba en Italia, en Francia, durante el reinado de Luis XIII, se prefirió buscar en la tradición de lo "francés", aunque posteriormente los artistas viajaran a Italia para estudiar lo que allí se estaba haciendo. Con Luis XIV se realizaron numerosas obras y proyectos destinados a ensalzar su poder y posición, como Versalles, en donde desde los proyectos arquitectónicos, a la confección de una pieza de mobiliario o el diseño de un motivo ornamental, respondían a un claro programa trazado de antemano. En las provincias católicas de los Países Bajos se sucedió una explosión decorativa que se personalizó en los interiores con retablos, escultura y púlpitos. Las imágenes y motivos suministrados por España tendrán unas características distintas a lo visto anteriormente, la estética, las técnicas, los materiales, la iconografía, el tema y los destinos de las obras estarán mediatizados por el espíritu de la Contrarreforma y el ámbito religioso será el que acapare prácticamente toda la realización.

A partir de la segunda década del siglo XVIII y especialmente en Francia, durante la regencia de Luis XV, se advierten signos de la aparición de una nueva corriente estética, el Rococó, que buscaba el refinamiento, la gracia y la delicadeza del arte a través de lo intrascendente, lo frívolo, lo ligero, lo divertido, lo lúdico, y los temas tratados con picardía y malicia; todo ello contrasta con la grandeza y la solemnidad de lo barroco. Para lograr estos objetivos se buscarán colores suaves y formas de pequeño tamaño, caprichosas y graciosas. La decoración enmarcará mediante motivos geométricos temas profanos e intrascendentes, donde los personajes secundarios pasarán ahora a primer plano.

En la segunda mitad del siglo XVIII un movimiento, la Ilustración, que pretende ser integral, afianza su camino y da pleno poder a la razón y a la independencia del conocimiento; el arte de este periodo adquiere un valor científico y una autonomía como disciplina, siendo el museo y el salón los lugares que contribuirán a su difusión. El estilo neoclásico, que no se identifica estrictamente y únicamente con la Ilustración, se considera como una reacción a la estética frívola del Rococó, donde la seriedad y

Detalle de los frescos de Anibal Carraci en el palacio Farnesio.

Friso decorativo con vegetación, figuras humanas y animales.

el virtuosismo se convierten en pautas a seguir; el mundo clásico será un modelo desde el punto de vista moral y estético y la Antigüedad será mejor conocida gracias a los descubrimientos de Pompeya y Herculano, en 1748 y 1738 respectivamente. Los valores estéticos de la Antigüedad serán los valores morales que se prefieren y se buscan, las figuras de los dioses y sus amores serán temas muy recurrentes; en los años 60 del siglo XVIII los temas mitológicos serán sustituidos por las representaciones de los héroes morales como Marco Aurelio, una orientación política que buscaba la identificación de los poderes con estos héroes. También la muerte tiene una referencia obligada en el repertorio de temas, ya que el sacrificio del héroe puede llevar a la muerte y éste debe arriesgarse por los valores más sublimes.

Aunque la búsqueda del modelo clásico ha estado presente en el arte de otras épocas anteriores, ahora será interpretada desde varias perspectivas y cambiará su sentido. Se aprecia un auge del coleccionismo y una demanda de imágenes que tienen como objetivo a Italia,

Detalles de ornamentación con figuras fantásticas, vegetación y putti.

Motivos ornamentales del siglo XVIII.

conocida por los artistas que llegan allí para estudiar y por los viajeros que hacen el Grand Tour. Se imita lo antiguo para captar el concepto de belleza ideal, no sólo estética sino moral, la serena grandeza y la sencillez del arte griego son las cualidades que hay que conseguir; sin embargo, a pesar de este equilibrio y moderación deseables, presentes en los escritos de Winckelmann, el mundo de los fantástico, de las sombras y de los monstruos rondará este universo y se hará visible también en el arte.

Aunque el Neoclasicismo sea una pretendida ruptura con el estilo Rococó, lo cierto es que tomará muchos elementos de éste; esa valoración de lo lúdico y el placer hedonista continuarán presentes en el arte, el gusto por el detalle en las representaciones de las superficies y las

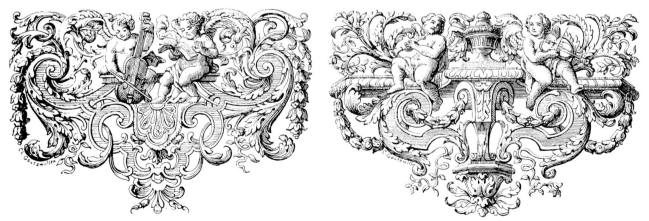

Ornamentación vegetal con putti músicos.

diferentes texturas que tenían las obras del Rococó se verá en obras del periodo ilustrado, como por ejemplo en los cartones para tapices que realizó Goya. Tampoco el uso de lo pintoresco se perdió en este periodo, al contrario, fue un elemento fundamental en el Neoclasicismo y tiene unas características de luz, color y concepto espacial que hereda del Rococó, visible en algunos artistas más representativos del neoclasicismo como David.

Las distintas características que tendrá el arte del siglo XVIII en los distintos países producirá una diver-

Decoración emblemática realizada en el siglo XVIII.

Molduras decorativas del siglo XVIII.

sidad de temas y tratamientos muy amplia, por lo que el pintoresquismo y el paisaje nos presentarán aspectos diferentes. Las obras de este periodo retratarán interiores de casas, escenas al aire libre urbanas y rurales, paisajes, cocinas, salones, donde se representa lo cotidiano y lo curioso, como indumentarias, utensilios y variados objetos.

A pesar de ser conocido como El Siglo de las Luces, el siglo XVIII refleja un gusto por los temas fantásticos, irracionales, las representaciones nocturnas, el mundo de los

Composición decorativa con vegetación, rocalla y seres fantásticos.

sueños, de las sombras y de las alucinaciones, que parecen contrastar con el presupuesto racional que sugiere este periodo. En el contexto de las representaciones fantásticas se sitúa Piranesi, que realizará series de composiciones inspiradas en la Antigüedad pero no imitativas, el poder evocador de las ruinas estará presente; para ello no utilizará los recursos habituales de simetría o geometría, sino que buscará los elementos que más le agraden de la arquitectura egipcia, romana o etrusca, y a través de los contrastes de la iluminación logrará una gran expresividad. El ámbito de los sueños, las visiones y de la noche se encuentra en artistas como Füssli, que lleva las emociones al extremo o William Blake, que se dedicó especialmente a la ilustración, y ejecutó sus obras como los antiguos iluminadores de manuscritos; el color y la luz tienen un papel fundamental en sus composiciones.

ILUSTRACIONES

ARTE PRIMITIVO (ÁFRICA Y OCEANÍA)

En esta ilustración se representan motivos decorativos en tejidos, pinturas y esculturas. El recuadro central superior muestra una pieza de tela procedente de Oceanía. También en los motivos centrales se representan fragmentos de telas, telas vegetales y cuero bordado de África Central.

En la mitad superior de la lámina se pueden ver diversos ejemplos de decoración policromada sobre utensilios de madera, procedentes de África Central. La estrella situada en el extremo superior derecho pertenece a la decoración utilizada para piraguas y diversos objetos de Oceanía, y el objeto circular situado en la parte inferior de la ilustración es un abanico adornado con plumas de colores.

Los dos objetos circulares que se encuentran a ambos lados de la parte inferior presentan decoración pintada de utensilios peruanos y los motivos que aparecen en la parte central de la lámina, de colorido variado, son pinturas de manuscritos mexicanos.

Policromía y Ornamentación

— 73 —

ARTE EGIPCIO

Pinturas decorativas.

Las pinturas decorativas egipcias que se representan en esta lámina están compuestas por un motivo circular flanqueado por dos alas, situado en la parte superior de la ilustración, número 6, y representa la salida del sol; las flores acuáticas mezcladas con las cañas forman la parte inferior de la lámina, donde también se representan ramos de flores pintados y pequeñas columnas de madera (números 1 a 3, 8 y 9). El escarabajo de color negro que aparece en el lado izquierdo de la parte superior simboliza la inmortalidad. El número 7 son piezas cerámicas utilizadas para muy diversos usos.

Policromía y Ornamentación

ARTE EGIPCIO

En esta lámina están representados diversos ejemplos del trabajo realizado en metal y de la bisutería egipcia. De estos objetos se encuentran variadas muestras en las tumbas, ya que los que morían eran enterrados con un rico y lujoso ajuar, que se personifica en amuletos, figurillas de dioses, joyas, papiros decorados y esculturas, entre otros objetos.

El motivo central superior (número 1), es un pectoral decorado con esmalte, en el que se puede ver una inscripción con el nombre de Ramsés II, faraón perteneciente a la XIX dinastía. El objeto que se encuentra debajo de este pectoral (número 2) es una joya bañada en oro, y policromada con piezas de vidrio; estas dos joyas provienen del mausoleo de Apis, en Memphis. El siguiente motivo que se encuentra bajo estas joyas, número 4, es un collar ornamentado con la cabeza del dios Apis y bajo él (número 3) se encuentra un escarabajo de lapislázuli con las alas hechas de perlas de vidrio.

Los tres recuadros que aparecen en la parte inferior de la hoja (números 5 a 7) son ejemplos de brazaletes decorados con esmalte.

La esfinge con forma de león androcéfalo que aparece en la parte izquierda del centro de la lámina, número 27, pertenece a una estela egipcia; la esfinge simbolizaría la fuerza por excelencia, que abarca la fuerza física y la intelectual; también a una estela pertenece la figura monstruosa que tiene el número 28.

A ambos lados del pectoral perteneciente a Ramsés II de la parte superior se ven motivos que decoran objetos de metal que aparecen en las pinturas de Tebas (números 29 a 34). La lámina se completa con ejemplos de ornamentación tomados de anillos, collares, pendientes y otros amuletos (números 8 a 26).

ARTE ASIRIO

Se representan diversos motivos decorativos policromados, pertenecientes al periodo cronológico explicado en el texto sobre el arte asirio. Todos ellos están sacados del palacio de Khorsabad en Nínive y de Persépolis; son esculturas pintadas, ladrillos esmaltados o con incrustaciones y pinturas. Algunos de los motivos más característicos están explicados en el texto citado. Aparecen motivos geométricos, vegetales y florales fundamentalmente, aunque también hay espacio para los elementos figurativos y animalísticos; entre ellos destaca el árbol de la vida situado en el motivo central. Los colores predominantes son el azul, verde, rojo y dorado, este último utilizado para muchos fondos.

ARTE GRIEGO

Aquí se pueden ver motivos decorativos geométricos y de flora y vegetación; dentro de estas últimas se pueden reconocer varias especies como la vid, la hiedra o el laurel. Se utiliza como soporte la cerámica: el motivo central de la parte superior es una antefixa pintada procedente del templo de Júpiter en Egina, a ambos lados se representan terracotas de Atenas, hay también pinturas sobre vasijas y vasos y distintos ejemplos de decoración geométrica, con ovas o meandros. Los colores empleados para los motivos son el negro y el rojo sobre fondos claros que hacen resaltar las imágenes, o motivos de color claro sobre fondos negros. También aparecen cabezas humanas y figuras fantásticas con cuerpo humano y alas portando diversos objetos.

ARTE GRIEGO

Diversos motivos policromados griegos y grecorromanos utilizados en la arquitectura pertenecientes a diversas épocas, desde monumentos contemporáneos al Partenón, hasta los del periodo grecorromano. Hay motivos decorativos de frisos que se restauraron en el Partenón, otros frisos del templo de Victoria Áptera en Atenas, fragmentos policromados de varios monumentos de Atenas, decoración de la puerta en el templo de Minerva en Atenas, frisos del templo de Júpiter en Egina, la estrella central (número 14) pertenece a la decoración de los Propíleos y los motivos se completan con diversos ejemplos de ornamentación geométrica y vegetal. La decoración de motivos vegetales y florales se encuentra en los números 1 a 7, 10 a 13 y 30 a 34; el número 15 representa la cabeza de un león entre elementos geométricos y vegetales y otros motivos geométricos se encuentran en los números 16 a 29.

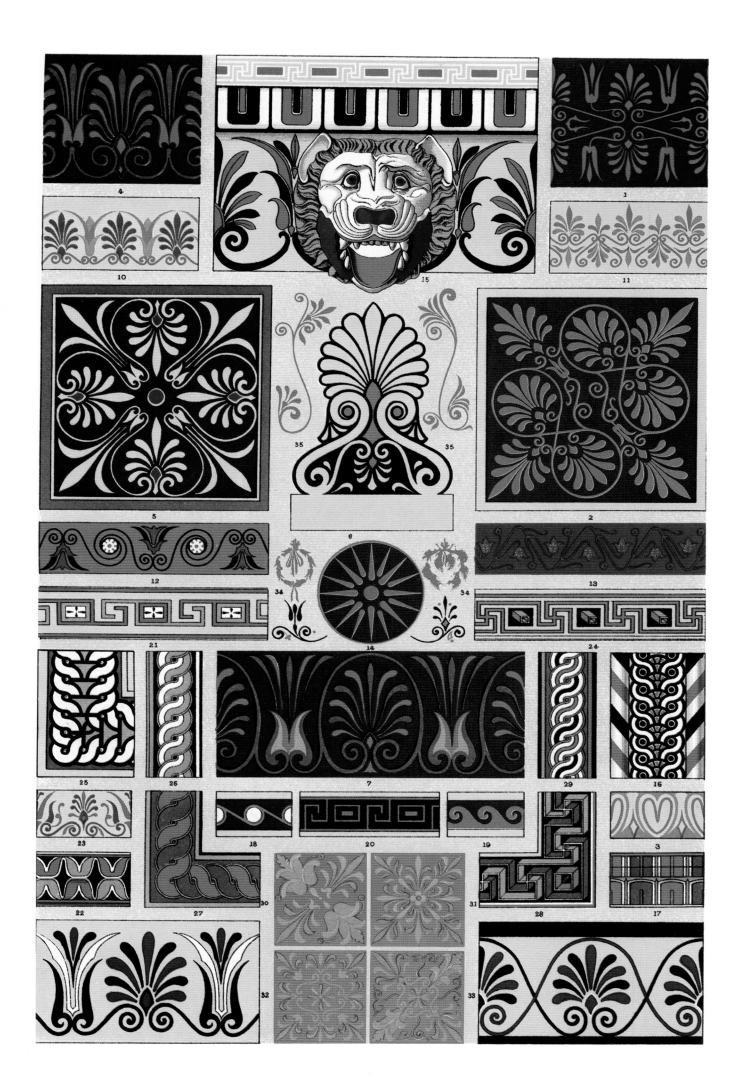

Policromía y Ornamentación

ARTE ETRUSCO

Se presentan en esta lámina un conjunto de joyas etruscas del museo del Louvre, las más antiguas no son anteriores a la etapa de la República romana y provienen de distintas tumbas. Todas ellas muestran una compleja elaboración, como se puede ver en el collar que lleva el número 1. En sus diseños se aprecian las influencias egipcia, especialmente en el uso del escarabajo (número 3), y griega, como se puede ver en la fíbula formada por una mano con anillo (parte superior de la ilustración), la mano de Venus que sujeta la manzana de Paris en la parte central de la lámina (número 5) o el anillo con una piedra central situado en el extremo derecho de la parte inferior de la ilustración (número 2). El número 4 es el fragmento de una pieza en el que se ha utilizado un diseño inspirado en la flora. Los pendientes destacan especialmente por su rico diseño, uno de ellos se puede ver en el lado derecho de la mitad superior y está formado por la figura de un niño que está suspendido del pendiente; los números 6 y 7 son otros ejemplares de estas piezas. En algunos de estos motivos también se puede vislumbra la influencia de corrientes bizantinas y góticas, por lo que algunas de estas piezas podrían pertenecer a periodos posteriores.

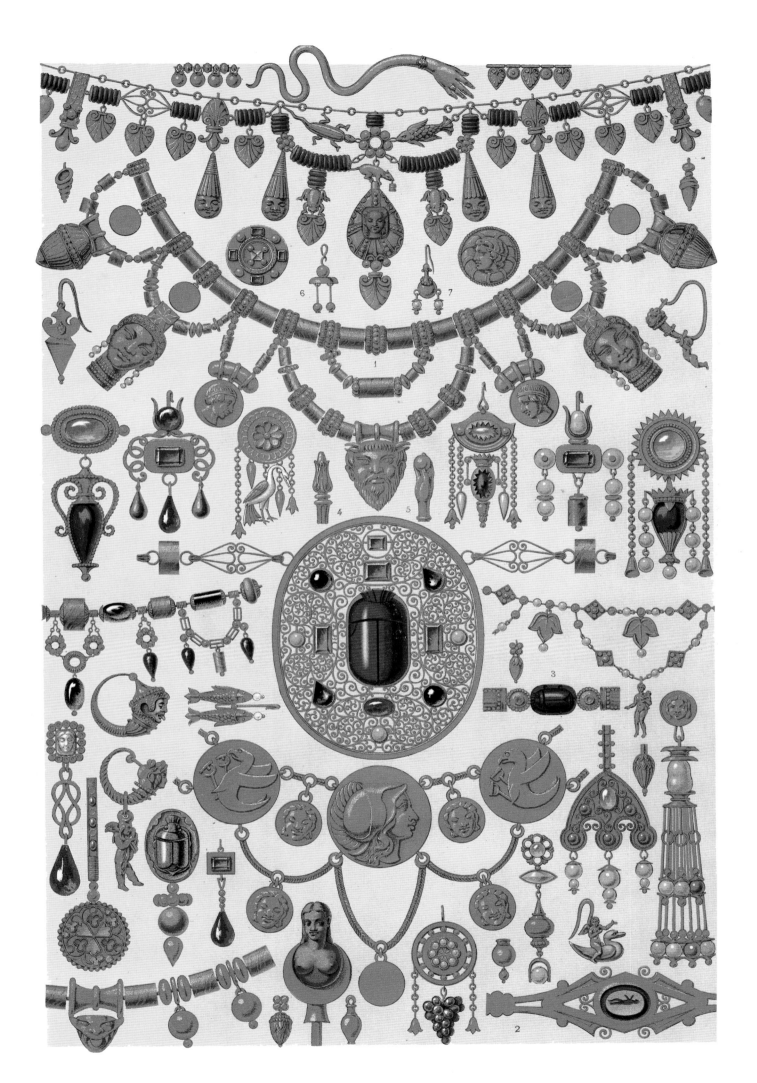

ARTE ROMANO

En ella se puede ver una pintura perteneciente a una pared de la casa de Suanotrici, es una arquitectura decorativa de estilo Pompeyano, de las muchas que se realizaron en Herculano y Pompeya. Los dos personajes que aparecen en la lámina, el putti y la figura femenina, no pertenecen a la composición original, se añadieron posteriormente. Estas pinturas estaban realizadas con gran cuidado, de manera que se las dotaba de un efecto ilusionista que a veces se confundía con la realidad. En los elementos arquitectónicos de este ejemplo, como las columnas o los pedestales, se introducen máscaras, animales fantásticos y monstruosos, que aparecen enroscados en los fustes de las columnas o en los bordes de los entablamentos.

Policromía y Ornamentación

— 87 —

ARTE ROMANO

Se representan mosaicos, bajorrelieves pintados y pinturas murales: el motivo rectangular central, el superior y varios de la mitad inferior de la ilustración son mosaicos encontrados en Herculano y Pompeya, los rectángulos que flanquean al motivo central representan relieves pintados encontrados en las mismas ciudades, y en la mitad inferior se muestran otros motivos extraídos de paneles, frisos, y pinturas murales.

Hay una gran variedad de motivos, desde los vegetales, formando roleos o frisos con frutas y flores, los geométricos, en forma de grecas o los más abundantes, los que incluyen figuras humanas, fantásticas, máscaras, animales o animales fantásticos.

ARTE CHINO

Los motivos incluidos en esta lámina están extraídos de vasijas de bronce con aplicaciones de oro, estaño y plata; uno de los elementos geométricos que más se utilizan es el meandro, en una concepción diferente a la griega. La mayor parte de ellas pertenecen al catálogo del Museo Imperial de Pekín y muchas de ellas se hacían en conmemoración de hechos históricos y perpetuaban su recuerdo con la impresión de la fecha; algunas de estas vasijas fueron realizadas en el 1200 a. C.

Casi todos ellos son composiciones geométricas, que incluyen además motivos vegetales en su interior; eran piezas muy laboriosas que exigían manos hábiles para su realización. Todas ellas tienen el mismo cromatismo por estar realizadas con los mismos materiales y es muy importante en ellas el elemento de la simetría, que varía en cada ejemplo.

Policromía y Ornamentación

— 91 —

ARTE CHINO

La mitad superior de la lámina, con fondo verde, muestra una creación libre de motivos aleatorios sin relación aparente entre ellos, destacan en ella las oposiciones cromáticas. Algunos de los curiosos objetos que aparecen en ella son pergaminos con dibujos o cerrados con cintas, diversas cajas, una fuentes y flores multicolores.

La parte inferior representa un tejido bordado donde también se utiliza el contorno en blanco, que realza el color y las propias figuras; aparecen en ella variadas flores, motivos vegetales y dos geométricos en forma de entrelazos.

Policromía y Ornamentación

ARTE JAPONÉS

Todos los motivos decorativos de esta lámina están extraídos de una misma pieza, un magnífico plato de cobre ornamentado con esmaltes de brillantes colores, que se han utilizado siguiendo
la idea de lo que sería el original. En la parte superior de la ilustración se representa un fragmento del plato, y el resto de la lámina contiene detalles de algunos motivos que se pueden admirar en
el plato. Los temas que inspiran esta ornamentación son la flora, la vegetación, pájaros y variados
elementos geométricos.

Todos los motivos del plato son diferentes, pero están tratados e incluidos de manera armoniosa,
para que la composición no resulte estridente; un ejemplo de ello es la figura del pájaro que se
encuentra en el centro de la lámina.

Policromía y Ornamentación

ARTES CHINO Y JAPONÉS

Esmaltes.

Estos bellos motivos decorativos chinos y japoneses están realizados en esmalte; se encuentran fragmentos pertenecientes a colecciones privadas que se mostraron en la exposición de 1869, algunas de ellas pertenecientes a los señores Edouard André, Dutuit, Baur Coerli Dugléré o Monbel; algunas de ellas también proceden de la ornamentación de manuscritos.

El sistema de ornamentación fue en general muy parecido en las distintas etapas cronológicas y se utilizó el mismo sistema de realización, por lo que es difícil establecer una datación de las piezas.

Policromía y Ornamentación

— 97 —

ARTES CHINO Y JAPONÉS

En esta lámina se muestra la decoración pintada sobre un tejido de seda, en el que se puede ver el efecto cromático de la oposición de colores, y el diminuto contorno blanco que no disminuye la atención y la continuidad de los motivos; sólo destaca el color blanco de los dragones, utilizado como recurso para dotar de expresividad y agitación sus movimientos. Este tejido es un vestido perteneciente a la dinastía Tai-thsing que reinó en China y los dragones de cuatro garras que aparecen en la tela representan el rango jerárquico de la persona que lo llevaba puesto. Los distintos símbolos podían ser dragones de cinco garras, para el emperador, sus hijos y los príncipes de primer y segundo rango, dragones de cuatro garras para los príncipes de tercer y cuarto rango y la serpiente Mang de cuatro garras para los de quinto rango y los mandarines. El motivo inferior con fondo negro es chino y los demás son japoneses.

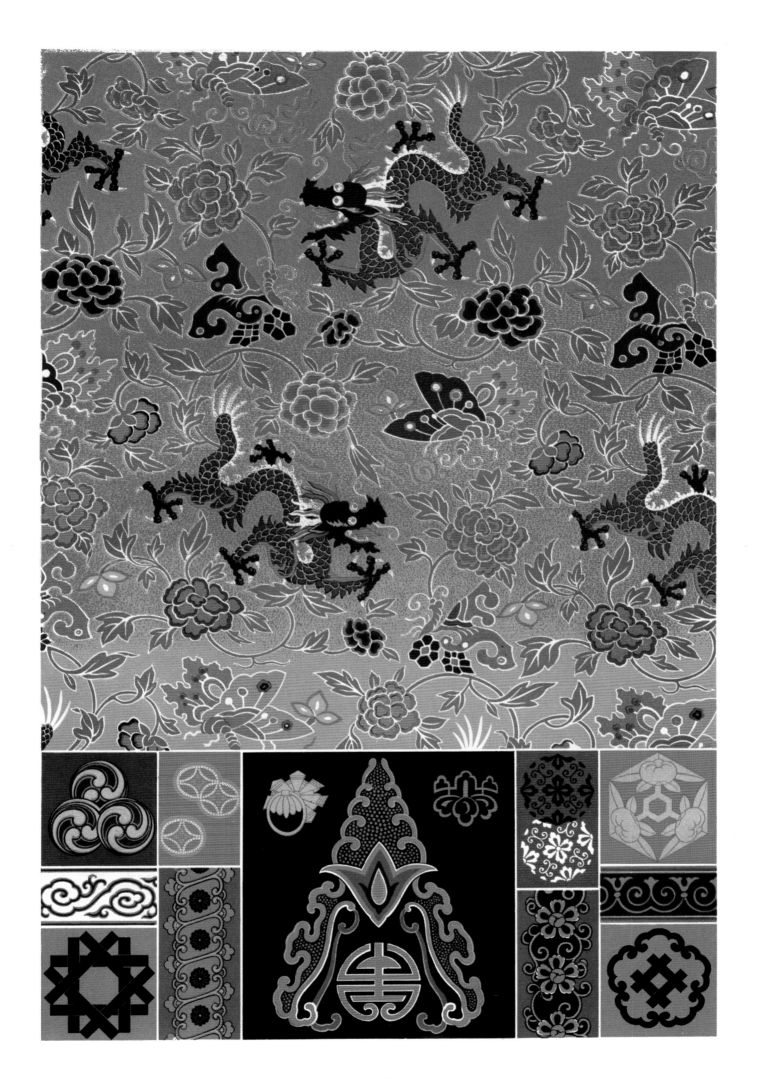

Policromía y Ornamentación

....

ARTES CHINO Y JAPONÉS

Aquí se muestran diversos motivos ornamentales, de carácter geométrico, floral y vegetal: las composiciones son simples al igual que los motivos, pero atraen especialmente por la sabia elección de los colores intensos que contrastan entre sí provocando variadas sensaciones en el espectador. Este tipo de ornamentación siempre ha destacado por el cromatismo tan vivo y tan dinámico que se plasmaba en las piezas, que constituían objetos de gran belleza.

Los dos círculos de tonalidades rojizas en la mitad superior de la lámina, junto con los motivos del lado derecho de la mitad inferior son de origen chino, aunque son mayoría los elementos que proceden del arte japonés.

ARTE INDIO

Objetos de metal.

Los elementos decorativos que aparecen en esta lámina pertenecen a la ornamentación que se utilizó para diversos objetos realizados en metal de uso habitual, como jarrones, platos o tapaderas; en estas composiciones se pueden apreciar las características de las creaciones indias, que aparecían completas de motivos, relacionados entre sí mediante una gran armonía.

Hoy se siguen utilizando muchas de las técnicas antiguas que hicieron posibles estas elaboradas piezas de metal, en las que llama la atención el afán del artista por llenar toda la superficie del objeto mediante los motivos decorativos, sin dejar un espacio libre, pero sin dar una sensación de recargamiento u opresión, siempre de manera armoniosa.

ARTE INDIO

La decoración está extraída de objetos que se reunieron en la Exposición celebrada en 1869 en los Campos Elíseos, y la mayoría eran armas; esta decoración vegetal y geométrica se encontraba en fundas de puñales y espadas, arcos o jarrones. El motivo central formado por motivos dorados sobre fondo negro, al igual que el del extremo inferior derecho, pertenecen a la decoración de una funda de espada.

Los colores con los que se juega para crear estas combinaciones cromáticas tan acertadas son el negro, utilizado muchas veces como fondo, el dorado, el rojo o el ocre.

ARTE INDIO

Se representan tejidos bordados y pinturas de manuscritos en los que se representan coloridos motivos; hay un gran número de ejemplos con decoración vegetal y floral, en los que se plasman repetitivos motivos que alcanzan un tratamiento casi geométrico. Los motivos puramente geométricos son menos numerosos y mayoritariamente se disponen en forma de friso. Los colores son bastante variados, quizá porque iban a formar parte de vestidos y trajes; los tonos vivos como el rojo son muy utilizados. Muchos de estos objetos se reunieron en 1869 durante la Exposición de la Unión Central.

ARTE INDIO

En esta lámina hay una gran variedad de motivos procedentes de distintos objetos, uno de ellos, el que aparece en el extremo izquierdo de la parte inferior con el número 1, es un fragmento de madera pintada, que también se ve en los números 8 y 9. También se recogen muestras de zapatos realizados en terciopelo bordado con lentejuelas o con oro y nácar, hay ornamentación dorada extraída de un puñal, diversos tejidos extraídos de miniaturas (números 2 a 5), platos (números 7, 12 a 17), copas y otros objetos. Los números 6, 10, 11 y 20 muestran ornamentación floral y vegetal, mientras que los fragmentos 18 y 19 combinan elementos vegetales y geométricos, con una cuidada policromía de bellos efectos.

ARTE PERSA

Telas pintadas.

En esta lámina se presentan distintos fragmentos de telas pintadas de origen persa, ornamentadas con detalles de variadas flores, animales, aves y figuras humanas aladas; que se combinan tapizando completamente el espacio o formando determinadas composiciones como se
puede ver en el ejemplo del extremo inferior izquierdo. Todos los motivos, incluso las aves o las
formas humanas, se organizan de manera geométrica con el fin de realizar una composición
equilibrada donde no se creen vacíos y no se recargue más una zona que otra; hasta los tallos
vegetales tienen la función de organizar geométricamente el espacio. Los colores más utilizados
son el azul y el rojo.

ARTE PERSA

Los diversos motivos que aparecen pertenecen a distintos objetos como vasijas, fondos de estanques y baños o recipientes para el tabaco; los fondos de color negro que se pueden ver no son uniformes, están formados por un complejo entrecruzado de líneas como se puede apreciar en el motivo segundo del lado izquierdo empezando a contar desde la parte inferior, que es un motivo extraído de un recipiente para baño; no es un negro absoluto aunque con la distancia pueda confundirse.

Las tonalidades son limitadas, los colores predominantes son el negro y el blanco, pero no por ello se resta belleza y contenido a las composiciones decorativas de la ilustración. Los motivos utilizados son geométricos y vegetales, dispuestos de manera variada, y en el motivo comentado anteriormente también aparecen inscripciones integradas en la composición.

ARTE PERSA

Porcelana.

Aquí se muestran distintos ejemplos de porcelana persa, formados por placas de revestimiento, situados en la parte inferior de la lámina y platos que ocupan el resto de la composición. Los motivos ornamentales que se utilizan son diversos tipos de flores como el clavel indio, la rosa, jacinto o tulipán, vegetación y se introduce un animal fantástico, como se puede ver en el plato situado en el centro de la mitad superior en la lámina. Los colores más utilizados son el verde, frecuentemente utilizado como color de fondo, el rojo y el azul. Es llamativo el motivo a base de pequeñas escamas que cubre la superficie del plato situado en la parte derecha de la mitad inferior de la ilustración.

Policromía y Ornamentación

ARTE PERSA

El motivo principal de esta ilustración lo constituye un fragmento de alfombra realizada en el siglo XVI ornamentada con diversa flora y con ejemplares de la palmera oriental; en la parte izquierda y en la inferior se muestran motivos con elementos geométricos extraídos de pinturas, presentes en dos ejemplares del *Schah Nameh*. Estos motivos geométricos son muy interesantes, están formados con polígonos, estrellas, trilobulados, o círculos que tienen cuadrados inscritos dentro de ellos.

Los colores más llamativos se encuentran en el fragmento de alfombra, que se organizan mediante rectángulos de fondos rojo y oscuro separados mediante marcos que embellecen la composición.

ARTE PERSA

Decoración de manuscritos.

Los dos motivos de la lámina pertenecen a dos ejemplares distintos del manuscrito llamado *Schah Nameh*, y decoran dos de sus páginas. El *Schah Nameh* es un poema que narra la historia de los antiguos reyes de Persia, fue escrito por Abou'l Casim Firdousi, que vivió en el siglo X de nuestra era, quién lo dedicó a Mahmoud el Ghaznévide; el autor trabajó en el poema durante 30 años y es uno de los más bellos escritos en esta lengua.

Ambos motivos tienen un fondo mayoritariamente azul, aunque también se utiliza el oro; los elementos se organizan mediante rectángulos separados por franjas a modo de marcos, y los más utilizados son de origen vegetal y floral. Entre ellos destacan las dos inscripciones persas marcadas en color blanco.

ARTE PERSA

La lámina reproduce la decoración de una alfombra persa utilizada para la oración; en ella destaca la armonía de los colores, donde se mezclan fondos oscuros y claros, y los motivos decorativos están bordados sobre el fondo en seda. En algunos de los motivos elegidos se puede apreciar la influencia de la decoración india.

Las distintas formas que componen la alfombra se disponen mediante recuadros separados por franjas más estrechas en las que se disponen colores que contrastan con los que tienen al lado; los roleos vegetales, las diversas flores y las hojas son los motivos escogidos para la ornamentación de esta magnífica pieza.

ARTE ISLÁMICO

O rnamentación que se muestra en la encuadernación de un ejemplar de un Corán, de grandes dimensiones ya que mide 52 centímetros de ancho por un metro y cuatro centímetros de altura. Los motivos decorativos son geométricos, respondiendo a la preferencia islámica, y el elemento principal de la ornamentación es el entrecruzamiento de las líneas, que aporta diversidad y movimiento a la composición. La decoración de estos libros era un lugar muy cuidado y en ellos se pueden encontrar magníficas composiciones realizadas por maestros.

El color del fondo es mayoritariamente el negro, aunque en los motivos de la parte inferior de la lámina se encuentran también fondos dorados; con objeto de que destaque más, la decoración se dispone en color oro formando bellas combinaciones geométricas.

Policromía y Ornamentación

ARTE ISLÁMICO

Ornamentación de manuscritos.

Estos motivos están extraídos del ejemplar del Corán citado en la lámina anterior, y son los elementos decorativos que se utilizaron en el interior de la obra. El repertorio utilizado se basa en la geometría y la flora y se percibe la influencia de la decoración persa; conforme a los criterios ya expuestos, no aparecen figuras humanas o animales, pero esto no resta valor estético a la composición. Los motivos decorativos se organizan a través de las líneas onduladas y roleos que se van complicando con otros elementos vegetales hasta formar las bellas figuras que vemos. Las figuras más abundantes son los círculos, aunque también hay polígonos y formas lobuladas.

Policromía y Ornamentación

— 125 —

ARTE ISLÁMICO

Ornamentación de manuscritos.

También esta lámina contiene motivos decorativos utilizados en el ejemplar del Corán del que se habla en las dos láminas anteriores; estos detalles son los que adornan los caracteres cúficos del texto y separan las 114 divisiones principales de él. Los motivos se eligen cuidadosamente para que combinen con los caracteres cúficos e incluso algunos de ellos se asemejan a la escritura. En alguno de estos ejemplos, como los motivos que encontramos en la parte izquierda de la mitad inferior de la ilustración, se puede ver la influencia de la decoración bizantina.

Policromía y Ornamentación

ARTE ISLÁMICO EN ESPAÑA

La ilustración contiene diversos motivos decorativos que aparecen en mosaicos y terracotas esmaltadas, procedentes de diversas partes del Alcázar de Sevilla y la Alhambra de Granada. Los elementos que predominan son los geométricos, como ya se ha explicado, pero también hay elementos de flora muchas veces explicados por la incorporación de la tradición hispana. En el motivo que ocupa la parte central en el extremo inferior de la lámina se puede ver una inscripción islámica.

Los colores predominantes son el verde, el ocre y el marrón.

ARTE ISLÁMICO EN ESPAÑA

Esta ornamentación que ocupa la lámina se aplicó a los elementos arquitectónicos de la Alhambra de Granada, una soberbia construcción donde el genio de los artistas supo crear algo inigualable y donde encontramos un variado repertorio decorativo; una de las características más sorprendentes es que a pesar de ser meros elementos ornamentales, el efecto ilusionista hace que parezcan parte integrante y activa de la construcción, concediéndoles un papel principal.

Las formas son muy variadas, hay elementos geométricos que forman imaginativas combinaciones, motivos vegetales como roleos, hojas, frutos, flores, e inscripciones, todos ellos con una brillante policromía.

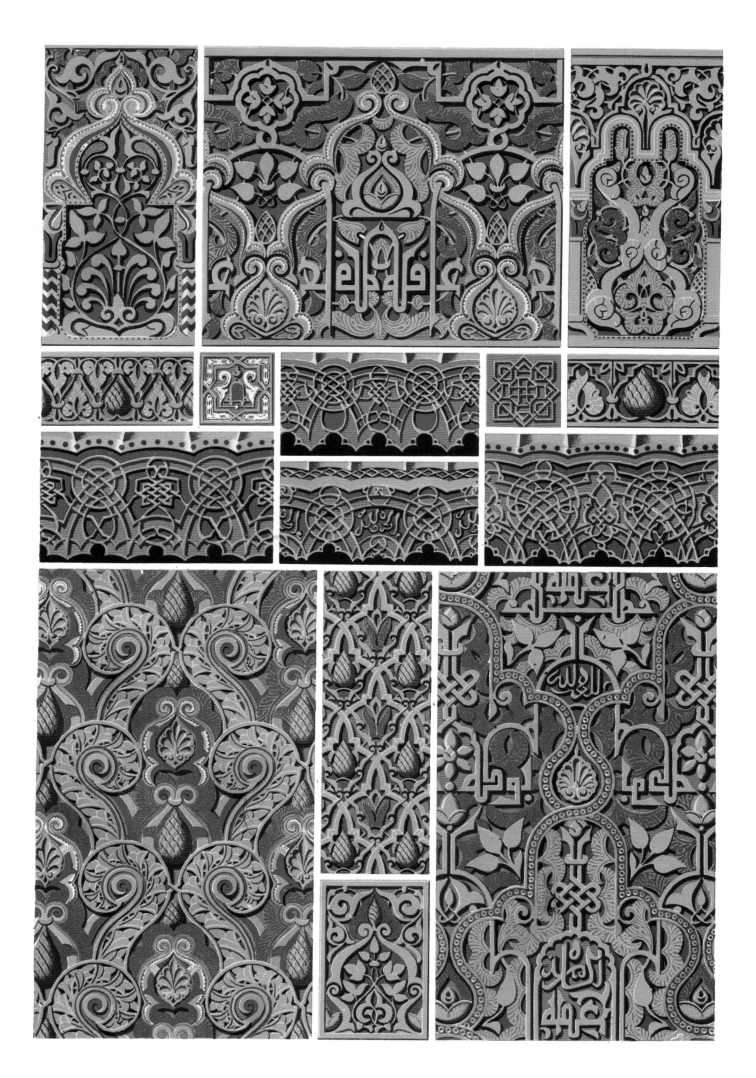

ARTE BIZANTINO

Pinturas murales, mosaicos y decoración de manuscritos.

Esta lámina reproduce detalles presentes en las pinturas murales de la iglesia de Santa Sofía, mosaicos de la iglesia de San Jorge en Tesalónica, pinturas realizadas en Constantinopla en los siglos VII y VIII, ornamentación esmaltada, pinturas de los siglos VIII y IX, decoración pintada perteneciente a un manuscrito realizado en la segunda mitad del siglo IX, mosaicos realizados en el siglo XII, algunos de ellos en Palermo y ornamentación de otros manuscritos.

Uno de los colores más utilizados es el color oro, muy importante en este tipo de ornamentación, que se combina con rojos, azules y verdes.

ARTE BIZANTINO

Esta lámina contiene diversos motivos que aparecen en la decoración de manuscritos del siglo VIII, en los que se aprecia una influencia de la decoración grecorromana, especialmente en los motivos que llevan los números 2,5,7,10,11 o 13. Los diseños que tienen los números 1 a 26 están extraídos del Evangeliario de Saint Sernin de Toulouse realizado por Godescalco para el emperador Carlomagno y los que llevan los números 27 a 38 pertenecen al Evangeliario de Saint Medard de Soissons.

Además del color oro, es también muy abundante el rojo en sus diversas tonalidades, con los que se realizan verdaderas joyas manuscritas.

Policromía y Ornamentación

ARTE BIZANTINO

Esta lámina muestra diversos motivos encontrados en mosaicos que ornamentaban las iglesias de Santa Sofía, San Jorge y San Demetrio en Tesalónica, también hay decoración de la catedral de Ravello, de la de Monreale, de la capilla de la Ziza en Palermo, también de la capilla palatina de Palermo; además se encuentra decoración de manuscritos de procedencia griega y motivos extraídos de un libro italiano de 1831. Como se puede ver en la imagen el color oro sigue siendo el más utilizado.

Los mosaicos bizantinos estaban formados por teselas vidriadas de distintos colores, y serán la decoración preferida para los edificios, aunque a veces sean sustituidos por pinturas debido a lo caro que resulta su utilización.

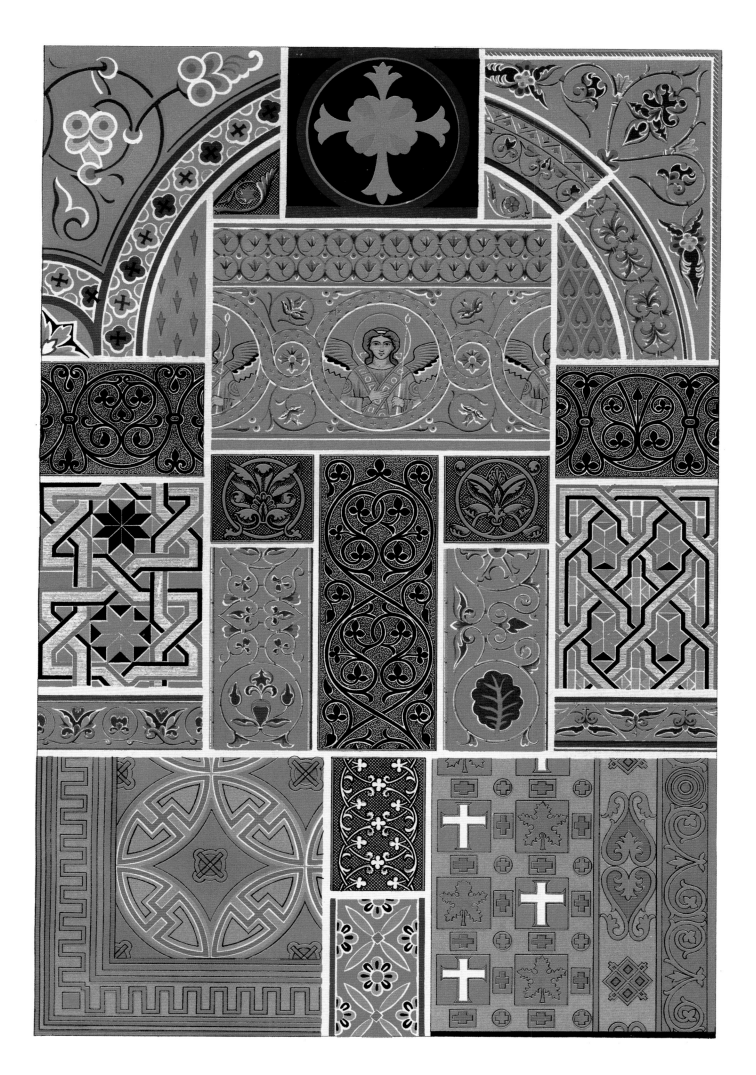

ARTE BIZANTINO

Se muestran más motivos decorativos realizados en el siglo XI, y extraídos casi todos ellos del curioso manuscrito llamado Evangeliario de Aquitania o de España; en ellos se aprecia la influencia de las artes suntuarias orientales, como se ve en los números 5 a 9 y 13 a 17. En el resto de los números se representan motivos geométricos y vegetales, a base de roleos y hojas.

El motivo que ocupa la mitad superior de la lámina está extraído de un manuscrito griego, y contiene elementos geométricos, vegetales y florales.

Policromía y Ornamentación

— 139 —

ARTE BIZANTINO

En esta lámina se representan motivos procedentes de mosaicos existentes en la capilla de Ziza en Palermo, trabajos de esmaltes con piedras pertenecientes a un evangeliario, fragmentos de frescos hallados en un monasterio que representan telas bordadas con piedras preciosas y perlas, utilizadas para la realización de prendas de vestir; con esto se perseguía la evidencia del lujo y del poder económico que tenía su poseedor, creándose bellas piezas de este tipo.

Las piedras y las perlas forman combinaciones geométricas de gran belleza, en los trabajos con piedras preciosas se insertan inscripciones y nombres propios, hay motivos vegetales y florales, animales, aves y animales fantásticos.

Policromía y Ornamentación

....

ARTE BIZANTINO

Los motivos de esta lámina proceden de mosaicos existentes en la Capilla Palatina de Palermo (números 1 a 12), en el palacio de la Ziza también en Palermo (números 13 a 15) y en la catedral de Salerno (número 16).

Cuando los normandos llegaron a Sicilia encontraron un gran número de edificaciones de gran calidad que quisieron imitar; los reyes empezaron a construir edificios en los que trabajaron artistas bizantinos, apreciándose en ellos una combinación de gustos y corrientes. Uno de estos nuevos edificios construidos fue la capilla real de Palermo.

ARTE CELTA

Esta decoración se basa exclusivamente en elementos geométricos, con líneas que se entrecruzan de muy variadas maneras; está realizada entre los siglos VII y IX. Llama la atención la ausencia total de elementos vegetales o figurativos. Las fuentes de las que están extraídos estos motivos son los Evangelios de Durow, de los Evangelios de Lindisfarne, el de San Marcos y San Lucas y el Evangelio de San Lucas, todos ellos del siglo VII. También hay motivos del Evangelio de San Mateo o el Comentario sobre los Salmos de Casiodoro, realizados en el siglo VIII; al siglo IX pertenecen el Evangelio Latino, al Libro de Salmos de San Juan y a un manuscrito perteneciente a la biblioteca de Saint Gall.

También hay motivos pertenecientes a manuscritos del convento de Saint Gall o el Colegio de la Trinidad de Dublín, como son los dos motivos que se encuentran en los extremos de la parte inferior de la ilustración.

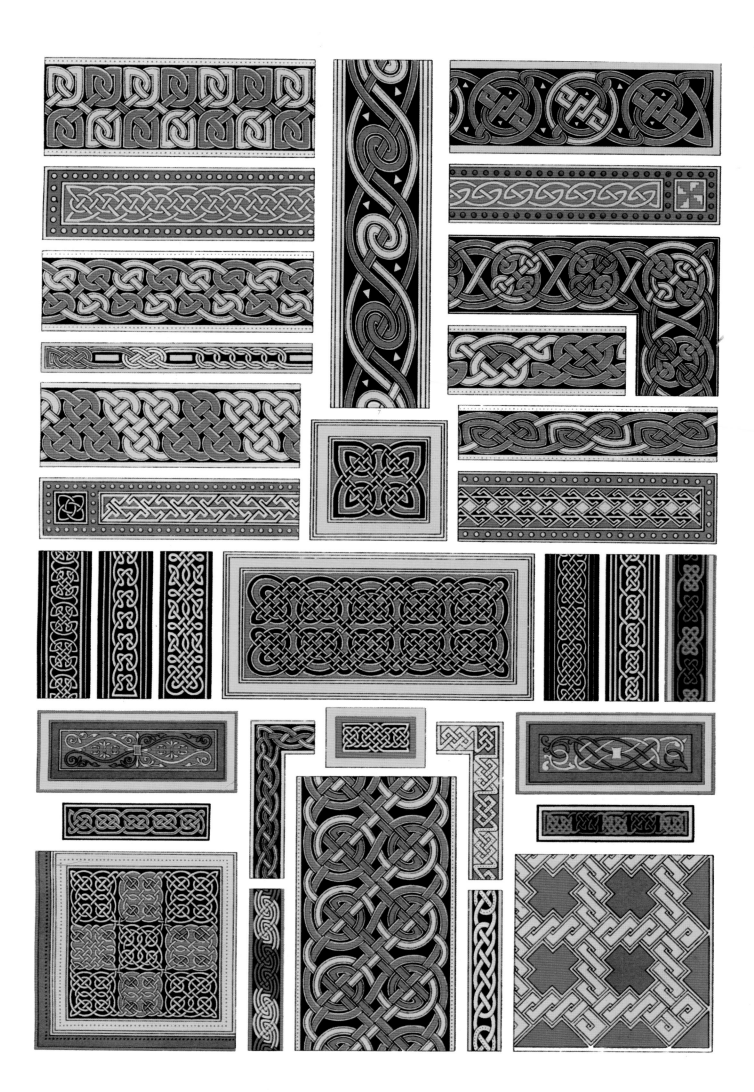

ARTE CELTA

En esta ilustración se presenta otro tipo de decoración celta, en el que se incluyen, además de los motivos geométricos ya vistos en la lámina anterior, que ahora se hacen más libres e imaginativos, animales fantásticos y vegetación que se extienden en el siglo IX. Los motivos reunidos entre los números 1 a 12 son los más antiguos, procedentes de los Evangelios de Durrow, del Libro de Kells, de los Manuscritos Reales, del *Codex Aureus* y de los Evangelios de Tomás. Los números 13 a 17 corresponden a motivos de los siglos VIII y IX, mientras que los ejemplos 18 a 33 pertenecen a los siglos X y XI. Las iniciales que llevan los números 34 a 37 provienen de la abadía de Saint-Germain des Prés.

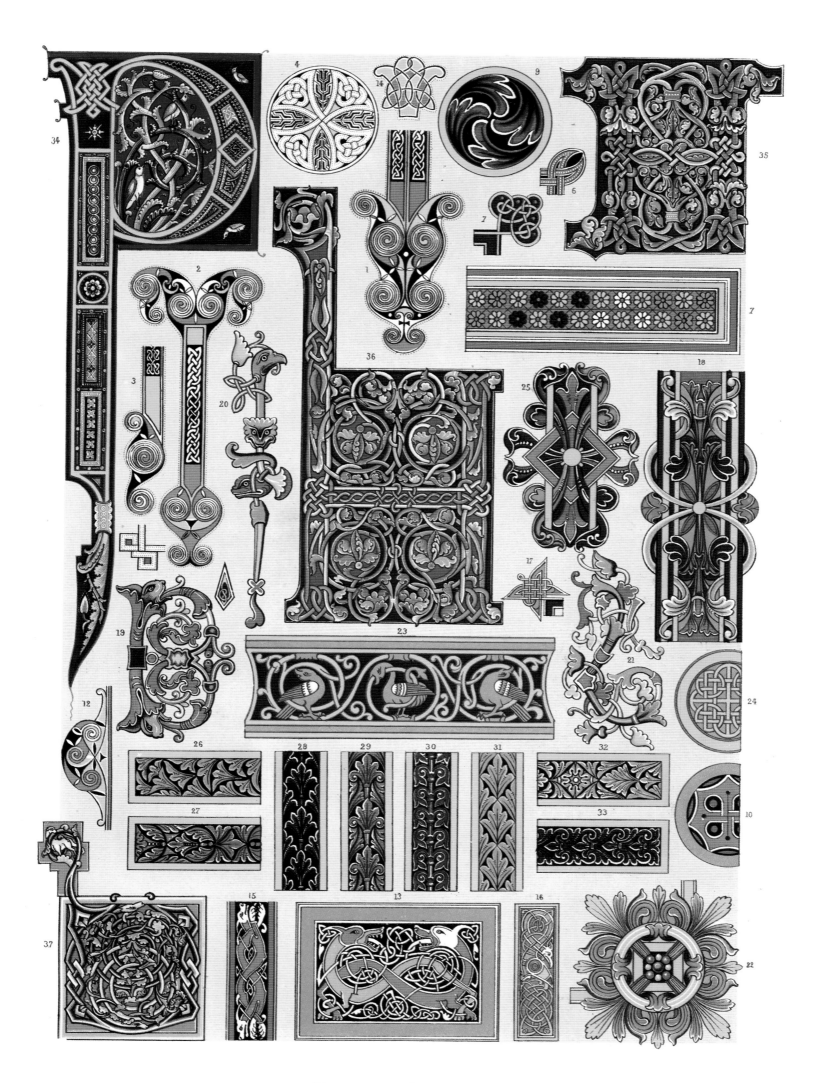

ARTE DE LA EDAD MEDIA

Marquetería.

Aquí se ilustran diversos motivos decorativos de marquetería, hay trabajos realizados con marfil y madera pertenecientes al llamado retablo de Poissy, una bella pieza realizada en el siglo XIV; también hay motivos ornamentales procedentes de un cofre de marfil de la misma época y mosaicos de madera realizados en el siglo XV y utilizados en la iglesia de San Ambrosio de Milán. Por las características técnicas especiales de la marquetería, estos trabajos conservan más vivamente que otras realizaciones tradiciones y corrientes anteriores, que también se manifiestan en la decoración utilizada.

Policromía y Ornamentación

— 149 —

ARTE DE LA EDAD MEDIA

La decoración que se reúne en esta lámina procede de las pinturas románicas que ornamentan dos manuscritos realizados en el siglo XII, el Comentario al Beato del Apocalipsis, que reproduce a mayor escala los motivos decorativos de otro manuscrito anterior del siglo VIII y un Evangeliario realizado para la abadía de Luxeuil, escrito por el propio abad. Las partes frontales de estos dos libros estarían ornamentadas con colores azules y oro, sobre los que aparecerían figuras de animales fantásticos. Muchos de estos ejemplares se cubrían con tejidos de seda en los que se bordaban los mismos motivos que se utilizaban para tapicerías.

Los motivos utilizados son geométricos, vegetales y especialmente animales fantásticos, en los que se derrocha una gran imaginación.

ARTE DE LA EDAD MEDIA

Aquí se recogen ornamentaciones de telas, como las procedentes de las tumbas de la abadía de Saint-Germain des Prés, que son de seda y oro y fueron realizadas en el siglo XII, pinturas murales realizadas durante el siglo XIII en la capilla de Nuestra Señora de la Roca y del Convento de los Jacobinos de Agen; también hay fragmentos que corresponden a las pinturas murales encontradas en dos iglesias de Suecia, fragmentos de miniaturas o esmaltes del tesoro de Aix-la-Chapelle.

En estos motivos se pueden ver elementos geométricos, grecas, motivos vegetales y animalísticos, destacando en motivo que aparece en el cuadro central de la parte inferior, en el que aparecen aves mirando hacia arriba.

ARTE DE LA EDAD MEDIA

Iluminaciones de manuscritos.

Los elementos decorativos son iluminaciones de manuscritos, pertenecen al siglo XIV y están extraídos del Libro de Santo Tomás de Aquino; se relacionan estéticamente con el arte italiano del mismo siglo. Los motivos con los números 1, 3 y 5 a 8, son composiciones realizadas con elementos vegetales, mientras que en los números 2 y 4 se introducen cabezas de animales y fantásticas.

Los colores utilizados son de tonalidades vivas, como rojos, verdes o azules y sigue teniendo un lugar destacado en color oro.

ARTE DE LA EDAD MEDIA

También aquí se representa decoración de manuscritos italianos del siglo XIV, como el atribuido a Simón Memmi, y en ella se puede ver una gran variedad de formas en las que se incluyen las figuras de animales y las humanas, que son más numerosas que en la ilustración anterior; también se representa ornamentación utilizada en los márgenes de los manuscritos y en las iniciales de los manuscritos italianos del siglo XV.

Aparecen figuras humanas vinculadas a los elementos geométricos, arqueros, seres alados, figuras de reyes y reinas enmarcados por formas geométricas, conejos, aves, jarrones y un amplio ejemplo de motivos vegetales.

ARTE DE LA EDAD MEDIA

Vidrieras.

La decoración de esta lámina está extraída de las vidrieras realizadas entre los siglos XII y XIV y que proceden de las catedrales de Colonia, Chartres, Bourges, Soissons, Mans, Lyon, Angers, Estrasburgo, Rouen, Sens, y de las iglesias de San Urbano en Troyes y la de Saint Cunibert en Colonia.

Las vidrieras constituyen una de las piezas artísticas en las que mejor se puede ver la evolución de un estilo y la incorporación de los nuevos elementos ornamentales; también en ellas es posible establecer una cronología a partir de los elementos que aparecen, las técnicas utilizadas y el grosor de las líneas.

ARTE DE LA EDAD MEDIA

Se representan más motivos decorativos de vidrieras, pertenecientes a la catedral de Colonia, a la de Estrasburgo, Chartres, Bourges y Tournai, realizadas entre los siglos XIII y XV.

En esta lámina se introducen las grisallas, utlizadas también corrientemente; las vidrieras y los colores utilizados en ellas jugaban un importantísimo papel estético y simbólico, estableciendo en el interior de la iglesia una atmósfera que influyera sobre el fiel; los cambios en las concepciones religiosas y filosóficas también se reflejarán en la distinta fisionomía de las vidrieras.

ARTE DE LA EDAD MEDIA

En esta lámina se muestran diversos motivos que aparecen en baldosas utilizadas para ornamentar suelos y muros, de utilización muy frecuente a partir del siglo XIII. Hay baldosas independientes, otras que forman parte de una composición, formas rectangulares, cuadradas y frisos. Estos fragmentos están extraídos de lugares como la catedral de Laón, la abadía de Saint Loup, la catedral de Saint Omer, del Ayuntamiento de Reims o del palacio de justicia de Rouen, todos ellos pertenecientes al siglo XIII. A este siglo y al siguiente pertenecen otros motivos decorativos extraídos de diversos manuscritos.

ARTE DE LA EDAD MEDIA

Esta lámina reúne motivos decorativos del siglo XV en telas y dibujos procedentes de pinturas en manuscritos, vidrieras, libros de horas como el de Shoenborn y de la Leyenda Dorada, que tienen como característica común un diseño sencillo con la combinación del oro y otro único color, que a pesar de su simplicidad resultan muy acertados. Sus curiosas combinaciones hacen que en un motivo predomine el color oro sobre el rojo, verde o azul, mientras que en otras composiciones son estos colores los que parecen ser los principales.

ARTE DE LA EDAD MEDIA

La decoración está extraída de diversos manuscritos del siglo XV y tiene como motivos variados tipos de flores, algún animal y figuras humanas que parecen nacer de las mismas flores, como se puede apreciar en el motivo central; en la Edad Media se desarrolla una gran variedad de motivos fantásticos de este tipo, con seres quiméricos, monstruos, arabescos y combinaciones imposibles sólo creíbles a la luz de la imaginación, influenciados por la decoración clásica y la oriental.

ARTE DE LA EDAD MEDIA

Estos motivos del siglo XV están extraídos de varios manuscritos, de libros de Horas, entre ellos el de Shoenborn, o del texto de la Leyenda Dorada, y son composiciones florales y distintas joyas.

El texto de la Leyenda Dorada constituyó una fuente fundamental en la iconografía de la Edad Media, de él salieron muchos motivos decorativos e iconográficos fundamentales, aplicados a la decoración de manuscritos, la escultura o la pintura.

....

ARTE DE LA EDAD MEDIA

Decoraciones de manuscritos.

Las fuentes de las que se extraen los motivos siguientes son las ornamentaciones de diversos manuscritos flamencos y franceses, en los que se presenta una decoración basada en motivos florales y vegetales, muy simples pero de gran belleza.

Estos elegantes motivos vegetales están extraídos del libro de *Horas* del Marqués de Paulmy, otro libro de *Horas* atribuido a Israël van Meckenen, y varios manuscritos. Los colores más vivos aparecen aplicados a las flores, los frutos y algunas hojas.

ARTE DEL RENACIMIENTO

Los motivos de esta lámina están extraídos del libro denominado *Horas de Rouen*, cuya primera impresión tuvo lugar en 1508; en ese periodo era frecuente que los libros se imprimieran y luego se pintaran de igual forma que los manuscritos. Es una decoración en la que el estilo francés es el dominante, aunque se advierten motivos de influencia italiana en la parte inferior de la lámina.

En ellos aparecen animales y figuras fantásticas, bustos y figuras humanas que representan distintos personajes, aves y peces que se colocan en un fondo de elementos vegetales.

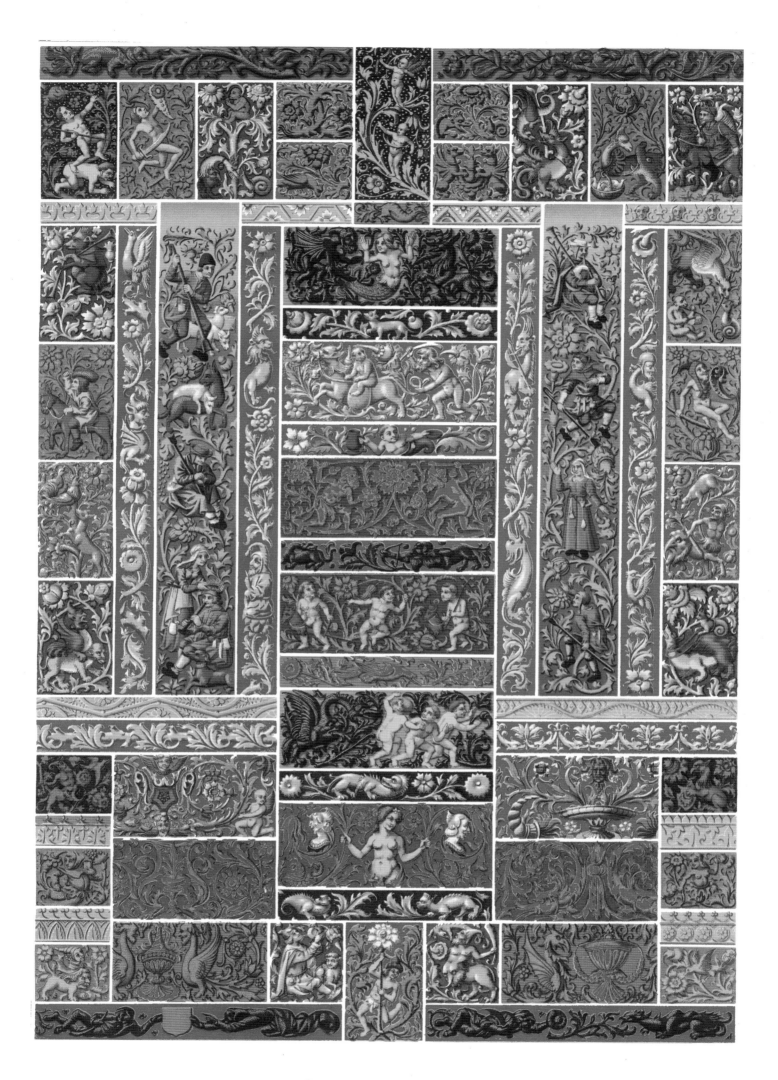

ARTE DEL RENACIMIENTO

Esta ornamentación está extraída de un libro decorado por Girolamo da Cremona, artista del siglo XV, que se conservó en la catedral de Siena; la decoración se basa en motivos clásicos de tipo vegetal, animales reales y fantásticos, figuras humanas, bucráneos, jarrones y máscaras. Hay escenas curiosas, como las localizadas en los círculos de los motivos centrales, en las que hay un león y otros dos animales.

Los colores utilizados tienen tonalidades muy brillantes, son predominantes el azul, rojo y verde, además del oro.

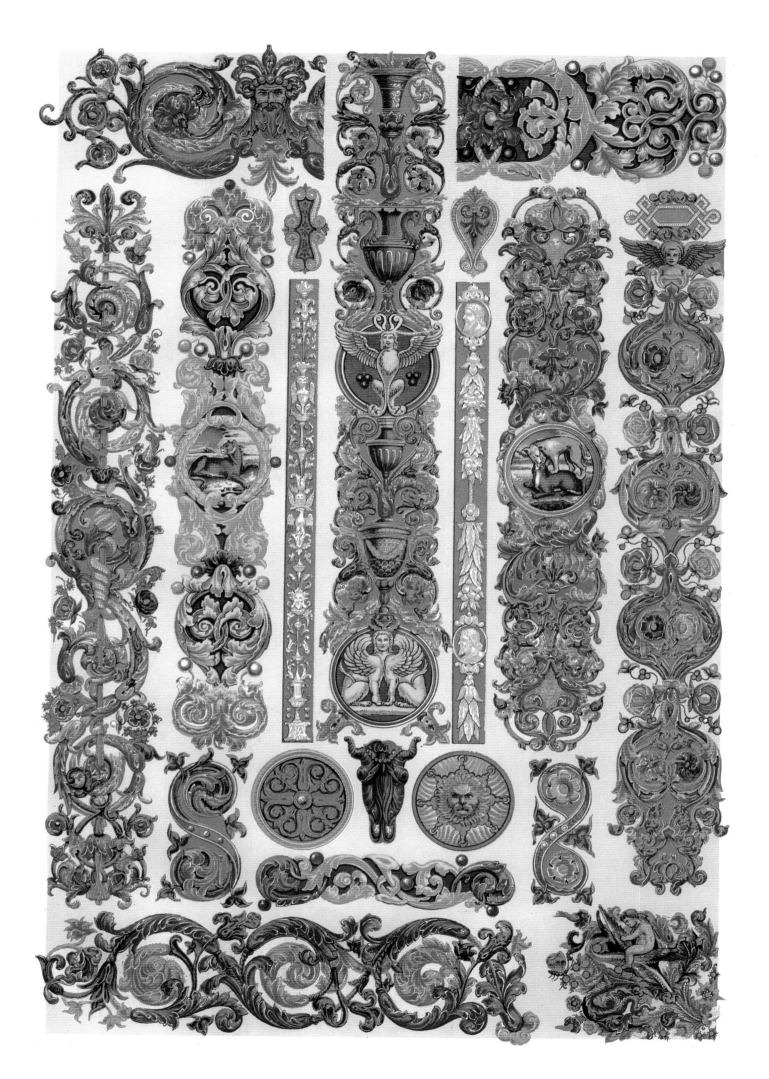

ARTE DEL RENACIMIENTO

Esta plancha representa algunos de los motivos decorativos del siglo XVI que los alumnos de Rafael pintaron bajo su dirección en las habitaciones del Vaticano; son unas bellas pinturas en las que prima la visión de conjunto. En la franja de la izquierda se representan las Cuatro Estaciones con sus atributos correspondientes y en la de la derecha las Tres Parcas. Los motivos centrales incorporan animales y figuras fantásticas, además de jarrones y aves. En estas pinturas del Vaticano parecen encontrarse algunas escenas sujetas a una organización y otras que sugieren ser fruto de la libre imaginación del artista.

Estas decoraciones que se plasmaron en las estancias del Vaticano fueron decisivas en su época y también influyeron en periodos posteriores.

ARTE DEL RENACIMIENTO

Aquí se muestra un variado repertorio de motivos fantásticos utilizados en la decoración pictórica del Vaticano en el siglo XVI; todos ellos muestran una gran imaginación y provienen del gusto por lo mágico, lo fantástico y lo ilusorio de este periodo. El número 1 es un trofeo extraído de un manuscrito y los números 2 y 3 provienen de la Casa Taverna de Milán. Entre los muchos motivos que componen la ilustración se encuentran medallones con cabezas y jarrones, uno de ellos de marcada influencia clásica, esfinges, monstruos, máscaras y un curioso friso situado en la parte inferior de la lámina con una escena en la que aparecen diversos personajes, entre ellos tres arqueros.

ARTE DEL RENACIMIENTO

La decoración está extraída de diversos manuscritos realizados en el siglo XVI. Las figuras humanas, las aves, las cabezas y las figuras monstruosas se introducen en la composición formada por jarrones superpuestos como si de una composición arquitectónica se tratara, en los que se enredan roleos, tallos vegetales, hojas y flores. En el motivo que ocupa el extremo derecho de la lámina aparece una inscripción en una cartela ondulante. Los bellos efectos que consigue esta decoración se deben en gran parte al empleo del color oro en los fondos y en los objetos.

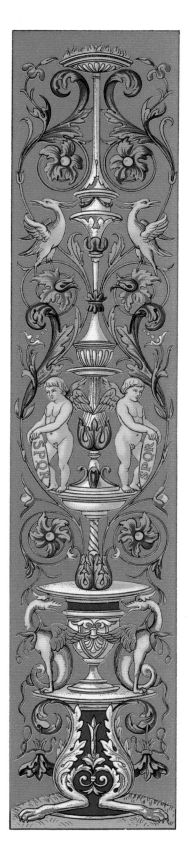

ARTE DEL RENACIMIENTO

Aquí se representan motivos decorativos en marfiles, pertenecientes a un mueble de ébano en el que se quiso representar la ornamentación que plasmó Rafael en el Vaticano, a una silla también decorada inspirándose en las pinturas de Vaticano, un cofre y una calcografía.

Se emplea en esta lámina un variado repertorio de motivos decorativos, entre ellos putti en posturas juguetonas, medallas con bustos de emperadores romanos, candelabros, máscaras, animales fantásticos, fuentes y vegetación muy desarrollada; las escenas con fondos negros y figuras blancas se alternan con las que utilizan los colores de modo contrario.

ARTE DEL RENACIMIENTO

Los motivos decorativos de diversos manuscritos que aquí se representan corresponden a la época de esplendor de los miniaturistas italianos; algunas de las fuentes son el *Misal de los Muertos del papa Pablo II*, realizado hacia 1450, un manuscrito de la biblioteca de los príncipes Barberini y fragmentos de los frescos del Vaticano. Aquí se utilizan más colores que en la lámina anterior, hay una gran gama que va desde los rojos a los azules, verdes y ocres; los motivos que se utilizan son de inspiración clásica y muchos de ellos son incorporaciones del Renacimiento.

ARTE DEL RENACIMIENTO

Se representan diversos marcos decorativos de los siglos XV y XVI, que aparecen en diversos manuscritos, terracotas esmaltadas, decoración exterior de arquitectura y vidrieras. Esta decoración evolucionará con el tiempo mostrando variados diseños. El motivo número 1 está extraído de una pintura, los números 2 al 5 son diseños de Antonio Razzi, el número 6 pertenece a un manuscrito, del 7 al 11 son motivos de terracotas esmaltadas; los números 12 a 15 y 18 a 21 pertenecen a pinturas de Fontainebleau, del 26 a 28 son fragmentos de marcos existentes en un manuscrito de la primera mitad del siglo XVI, números 29 y 30, motivos de vidrieras, y los números 16, 17, 22 a 25 y 31 a 35 son pinturas de manuscritos de la época de Enrique II.

ARTE DEL RENACIMIENTO

Esta lámina representa fragmentos de los esmaltes pintados de Limoges, que tuvieron su esplendor hacia 1540, y de porcelanas italianas; estos motivos de Limoges fueron realizados por Jean Cousin, Androuet du Cercenau, Pierre Woeiriot y Étienne de Laune y los italianos fueron hechos por Flaminio Fontana, Battista Franco o Andreoli, entre otros y fue un género impulsado por Lucca della Robbia.

Como se puede ver, se hace uso de colores muy diversos, creando combinaciones que contrastan; los motivos son también variados y aparecen, entre otros, animales fantásticos, máscaras o peces.

ARTE DEL RENACIMIENTO

Azulejos esmaltados.

La lámina contiene diversos azulejos esmaltados con distintas formas geométricas, como polígonos o cuadrados; muchos de ellos están enmarcados mediante frisos y los elementos decorativos son muy variados, hay cartelas con inscripciones latinas, medallones con inscripciones griegas, composiciones arquitectónicas con animales fantásticos, jarrones, máscaras, esfinges, figuras de inspiración clásica y motivos vegetales y florales. Estos azulejos constituían un importante motivo decorativo aplicado a muchas superficies.

ARTE DEL RENACIMIENTO

Los motivos reunidos en esta lámina provienen de dos manuscritos españoles, *Cartas ejecutorias de hidalguía*, escritos en 1588 y 1593 por Agustín de Yturbe y Juan Cataño; en ellos aparece la decoración renacentista que se hizo en España. En la parte inferior de la lámina se presentan diversas iniciales ornamentadas con máscaras, bustos femeninos, figuras fantásticas y motivos vegetales. El motivo principal de la lámina tiene un fondo de color oro sobre el que resaltan los motivos, con colores rojos, verdes y azules; en las iniciales el proceso se invierte y son los motivos los que tienen el color oro.

ARTE DEL RENACIMIENTO

Aquí se muestran diferentes motivos que provienen de varios manuscritos, uno italiano y los demás pertenecientes al renacimiento francés. Los motivos están formados por diversos jarrones de imaginativos diseños y composiciones escultóricas, en los que se insertan piedras preciosas, perlas, y motivos decorativos como máscaras, ángeles, figuras fantásticas, bucráneos y ornamentación vegetal. Todos ellos tienen como base el color dorado en el que se superponen los colores de los motivos decorativos, todo resaltado por el fondo oscuro de la ilustración.

Policromía y Ornamentación

ARTE DEL RENACIMIENTO

Esta decoración pertenece al techo con artesonado de madera de roble dorada de la antigua Gran Cámara del Parlamento de Normandía, terminada en el primer cuarto del siglo XVI; esta obra comenzó bajo los auspicios de Luis XII, y se desconoce el autor de esta bella pieza de madera. La composición se organiza mediante figuras geométricas, como estrellas o polígonos irregulares, enmarcadas mediante molduras; la decoración dorada está formada por elementos geométricos como círculos u ovas y por motivos vegetales.

Policromía y Ornamentación

ARTE DEL RENACIMIENTO

Este repertorio proviene de las pinturas y esculturas decorativas realizadas en el siglo XVI presentes en edificios franceses como el chàteau de Bloi o el de Chàteaudun, y de pinturas de manuscritos procedentes de la Biblia del Arsenal, entre otros; los elementos decorativos presentes en el Chàteau de Bloi o el de Chàteaudun son extraídos de esculturas en piedra y revestimientos de madera.

Algunos de estos motivos ya han aparecido en láminas anteriores, como los jarrones encadenados formando composiciones escultóricas, también hay guirnaldas de flores y frutos, veneras, putti, peces, máscaras, figuras fantásticas; los fondos son mayoritariamente azules y rojos.

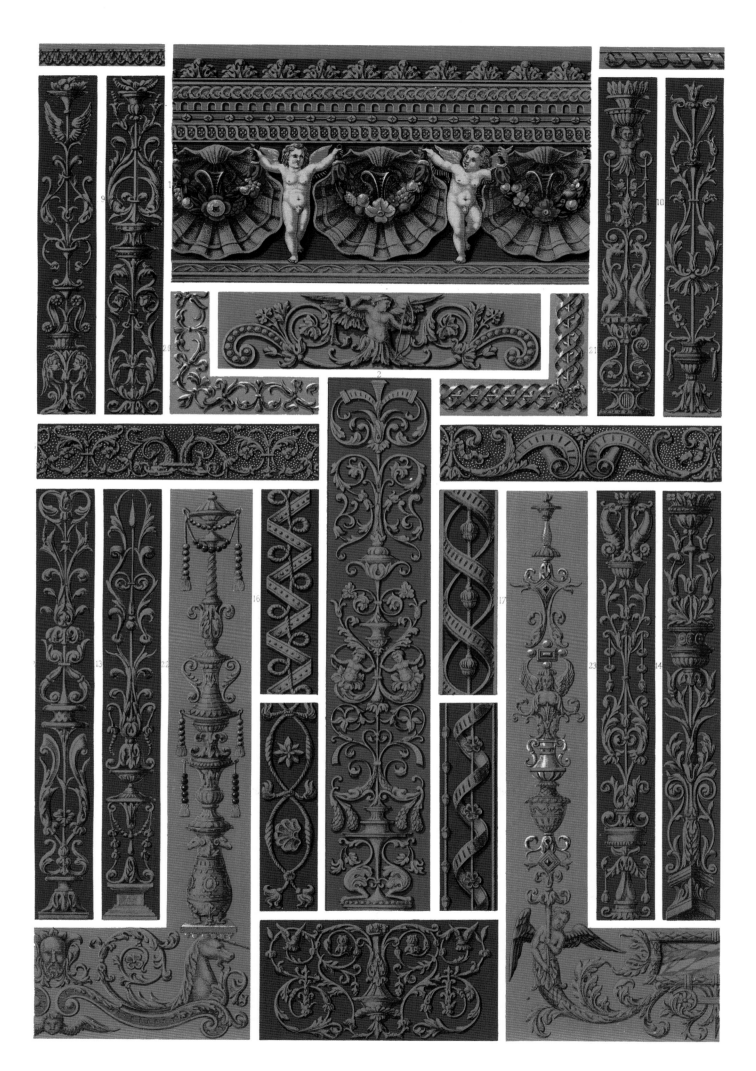

ARTE DEL RENACIMIENTO

Porcelanas esmaltadas.

En esta lámina se encuentran una serie de piezas de porcelana bellamente ornamentadas, debidas a Bernard Palissy, que estudió profundamente las piezas orientales e italianas para adaptarlas a su gusto. El plato que ocupa la parte superior de la lámina fue montado sobre una de las piezas de estaño que utilizaban los orfebres de la época, algo que se puso de moda; el original es de Francois Briot, del que Palissy tomó varios motivos decorativos. Algunos de los motivos que aparecen son máscaras, figuras humanas en diferentes posiciones que reflejan la influencia clásica, cabezas de ángeles, decoración vegetal, flores, frutos y motivos geométricos utilizados sobre todo en los bordes de los platos.

Policromía y Ornamentación

ARTE DEL RENACIMIENTO

Esta ilustración recoge diversos motivos decorativos extraídos de encuadernaciones venecianas muy notables que incluían una pintura al óleo; también hay elementos de marquetería aplicada a un clave del siglo XVI, colocados en la mitad inferior de la ilustración, también de la misma ciudad. En ellos se puede apreciar la influencia de la decoración oriental que llegó a Venecia a través de sus relaciones con Oriente; gracias a su posición estratégica, Venecia fue vehículo y receptor de las corrientes artísticas del periodo. El color oro es muy importante en estas composiciones y muchos de los motivos están realizados en este color.

ARTE DEL RENACIMIENTO
Y DEL SIGLO XVII

Aquí se representan piezas de joyería y de orfebrería esmaltada, realizadas en los siglos XVI y XVII: los números 1 a 3 y 13 pertenecen a fundas de espada, los números 4 y 18 están extraídos de jarrones, del 5 al 7, 9 y 12 son fragmentos de una copa de oro, los números 8, 10 y 14 pertenecen a un broche, el 11 a un anillo, del 15 al 17 son fragmentos de un cofre de ébano perteneciente al antiguo Tesoro de los reyes de Polonia; los números 19 a 28 son elementos de jarrones y copas y del 29 al 31 son fragmentos diversos.

ARTE DEL RENACIMIENTO
Y DEL SIGLO XVII

Figuran en esta lámina fragmentos de encuadernaciones, realizadas en los siglos XVI y XVII. El número 2 pertenece a un ejemplar escrito por Paul Jove, el 4 a una *Crítica sobre el Pentateuco*, el 9 pertenece a una encuadernación con las armas del rey Enrique II y las iniciales de Diane de Poitiers, mientras que el número 8 está extraído de una Biblia; el motivo que tiene el número 7 está enmarcado por una cartela.

Los elementos decorativos utilizados en las diferentes piezas son geométricos y vegetales; el motivo que ocupa la parte central en el extremo inferior de la ilustración contiene una interesante escena de personajes, algunos de ellos a caballo, luchando.

ARTE DEL RENACIMIENTO

Estos motivos están extraídos de pinturas de diversos manuscritos del siglo XVI, uno de ellos encargado por Enrique II y llamado *Confirmación de los privilegios de los notarios y secretarios por Luis XI*; también hay en esta lámina decoración de damasquinados tomados de *Las Obras maestras de la tipografía de Lyon*.

Se dan cita en esta lámina variados motivos decorativos formados por composiciones escultóricas de jarrones con figuras humanas, animales monstruosos con coronas, iniciales reales, además de elementos vegetales y geométricos.

ARTE DEL RENACIMIENTO

Esta lámina reúne variados motivos decorativos del siglo XVI extraídos de frisos, uno de ellos, el que tiene las iniciales de Catalina y Enrique sobre fondo verde, ha sido extraído de las vigas del Oratorio de Catalina de Medicis, en el castillo de Chenonceaux; también hay detalles procedentes de frescos de la capilla existente en el mismo castillo. Los otros motivos provienen de la Galería Histórica de Thevet. En este gran número de motivos ornamentales hay muchos elementos, como frisos con flores y veneras, cabezas de ángeles, máscaras, animales, figuras fantásticas o jarrones; las cartelas se decoran con volutas, elementos vegetales y geométricos.

ARTE DEL RENACIMIENTO
Y DEL SIGLO XVII

Se recogen diversos motivos decorativos y marcos, realizados entre la segunda mitad del siglo XVI y la primera del siglo XVII; algunos de ellos provienen de un manuscrito de la Biblioteca de l´Arsenal, atribuido a Jean Cousin, y otros son de procedencia flamenca y son adornos de las cartas geográficas.

En la ilustración se pueden ver cartelas de distintas medidas y que contienen diversos elementos como figuras humanas, flores, frutas, vegetación o guirnaldas; otros motivos que ocupan la lámina son molduras, apliques, remates, máscaras y jarrones, en los que es muy utilizado en color oro.

ARTE DEL RENACIMIENTO
Y DEL SIGLO XVII

Aquí se expone una muestra de soberbios tapices ornamentados realizados en los siglos XVI y XVII, en muchos de ellos se ha utilizado la seda y proceden de Génova y Milán. Una de las piezas está realizada en tela de paño, al igual que los bordados que la adornan, siendo los bordes de seda; el otro fragmento representado está realizado en seda brocada con bordados de color amarillo. La importancia de estos tejidos radica en la sensación escultórica que ofrecen al espectador los bordados, realizados de manera que parece que tienen tres dimensiones. Estas piezas de lujo eran muy demandadas por las clases sociales pudientes para decorar sus residencias.

ARTE DEL SIGLO XVII

Los diversos fragmentos reunidos en esta lámina pertenecen a un mismo periodo cronológico y a un estilo conocido con el nombre de Estilo Luis XIII; los números 2 y 3 pertenecen a cuadros de plata de gran complejidad, el 4 es un friso que procede del Pabellón de las Reinas Madres en Fontainebleau, el número 5 muestra las iniciales de Luis XIII y Ana de Austria y el 6 pertenece al batiente izquierdo de una puerta dorada de Fontainebleau. También hay un fragmento que pertenece a un soberbio cofre de oro repujado, forrado de terciopelo, propiedad de Ana de Austria.

Policromía y Ornamentación

ARTE DEL SIGLO XVII

Esta lámina reproduce uno de los más bellos ejemplares de cuero decorado y dorado, que consiste en un tablero con su adorno de cenefa en el borde, también perteneciente al estilo Luis XIII; estas piezas se realizaban curtiendo las pieles de ternera, cabra o cordero, que después se ornamentaban con variados diseños y posteriormente se doraban.

Estas piezas poseían una solidez que resistía la humedad y otros factores externos que podían deteriorarlas, y en ellas se plasmaban ricos motivos ornamentales acordes con el deseo de lujo de sus compradores.

ARTE DEL SIGLO XVII

En esta ilustración se muestran fragmentos de pinturas murales procedentes de *l'architecture de Saint-Eustache*, diversos tableros del palacio de Luxemburgo o de Fontainebleau, como el que se encontraba en el Pabellón de las Reinas Madres, fragmentos de orfebrería esmaltada y miniaturas procedentes de un manuscrito realizado para Ana de Austria.

Los motivos decorativos son lujosos, aparecen tallos vegetales, con roleos, veneras, flores de distintos colores, máscaras, figuras aladas y frisos de elementos vegetales. Los colores utilizados son variados, sirve como fondo el color oro y también se recurre a las gamas de rojos, azules, verdes y amarillos.

Policromía y Ornamentación

ARTE DEL SIGLO XVII

Se representan aquí diversos motivos, marcos y cartelas del siglo XVII; los números 1 a 4 pertenecen a la primera mitad del siglo y proceden de tableros y de un arco de la capilla de Hinisdal de las Carmelitas Descalzas; muchos de estos motivos están extraídos de las cartas geográficas que están fechadas y se realizan hasta 1645, pertenecen a grabados flamencos y la coloración que presentan es una pequeña iluminación. Los números 5 y 6 imitan motivos de Bernardus Castellus y otros motivos como los mascarones también son de origen flamenco, imitando a Jean Christophe Feinlin.

ARTE DEL SIGLO XVII

En esta lámina se reúnen diversos motivos decorativos procedentes de una colgadura de cuero perteneciente al castillo de Cheverny, de un cuadro de madera con incrustaciones de estaño, damasquinados de influencia flamenca imitando a Jean Christophe Feinlin y de bordados alemanes cuyos motivos ornamentales tienen un gran parecido con los que aparecen en la obra publicada por Hans Fréderic Raidel en el primer cuarto del siglo XVII, por lo que podría ser posible atribuirle la obra.

Los motivos decorativos se hacen en colores oscuros para que resalten sobre el fondo claro, de manera que muchas veces parecen elementos escultóricos por el relieve que adquieren.

Policromía y Ornamentación

ARTE DEL SIGLO XVII

Aquí se recogen diversos fragmentos de pinturas decorativas pertenecientes a los tableros principales y laterales de la Galería de Apolo en el Louvre. Los fondos son dorados en los que se destacan las figuras de color claro y en otros motivos los fondos claros destacan los elementos de color oro. Todas las composiciones están organizadas mediante elementos superpuestos entre los que figuran jarrones, personajes desnudos, máscaras, peces y animales: es destacable el motivo de la parte central de la ilustración formado por una fuente con peces desde los que sale el agua.

ARTE DEL SIGLO XVII

Esta lámina representa una parte del magnífico plafón ornamentado y dorado, en el antiguo hotel de Mailly de París, que recoge la estética elegante y suntuosa imperante a finales del siglo XVII. En su superficie se representa una balaustrada que recorre el perímetro, y sobre la que se levantan otros motivos como jarrones, medallones, máscaras, o figuras aladas.

No se sabe quién es el autor de esta notable pieza, pero existe una publicación de grabados de Daniel Marot que contiene otro ejemplar muy similar a este, por lo que quizá pueda atribuírsele la obra.

Policromía y Ornamentación

ARTE DEL SIGLO XVII

Los motivos aquí presentados, del siglo XVII, pertenecen a pinturas y mosaicos procedentes de distintos lugares de Versalles, el número 3 está extraído de la galería grande; está formado por un medallón adornado con bucráneos y vegetación. De Versalles también proceden elementos decorativos extraídos de un plafón y también hay de la escalera; otros motivos son de un mueble atribuido a Robert de Cotte y del hotel de Mailly, anteriormente citado. Los motivos que forman la parte inferior de la ilustración proceden muchos de ellos de la estética clásica, como la figura femenina de la parte central o el angelito situado a su lado.

Policromía y Ornamentación

ARTE DEL SIGLO XVII

Aquí se reproducen distintos fragmentos de tapicerías con sus cenefas, el motivo de la izquierda procede del castillo de Grignan y la primera pieza situada en la parte superior del lado derecho en la lámina es su cenefa; los dos motivos restantes fueron realizados a finales del siglo XVII o principios del siglo XVIII, y formarían parte de una representación de los 12 meses del año, siendo éste el mes de junio.

Este tipo de ornamentación contiene unos colores variados y brillantes, que van desde los rojos, a los azules o amarillos; las piezas de este tipo constituyen muchas veces excelentes documentos históricos que nos permiten ver cuáles eran los vestidos, los tocados o las costumbres de la época por las escenas que las ornamentan.

ARTE DEL SIGLO XVII

Las dos piezas de seda estampada que ocupan esta lámina fueron realizadas a finales del siglo XVII; la superior es de una gran sencillez que acusa la influencia de los diseños orientales y la de la parte inferior procede de los interiores de la cubierta de un libro.

Llama la atención la sencillez de los motivos decorativos utilizados en estos dos ejemplos, que contrasta con otras producciones contemporáneas suyas que muestran complejos y floridos diseños; en ambos motivos se utilizan solamente dos colores, verde y blanco en el superior y azul y dorado en el inferior.

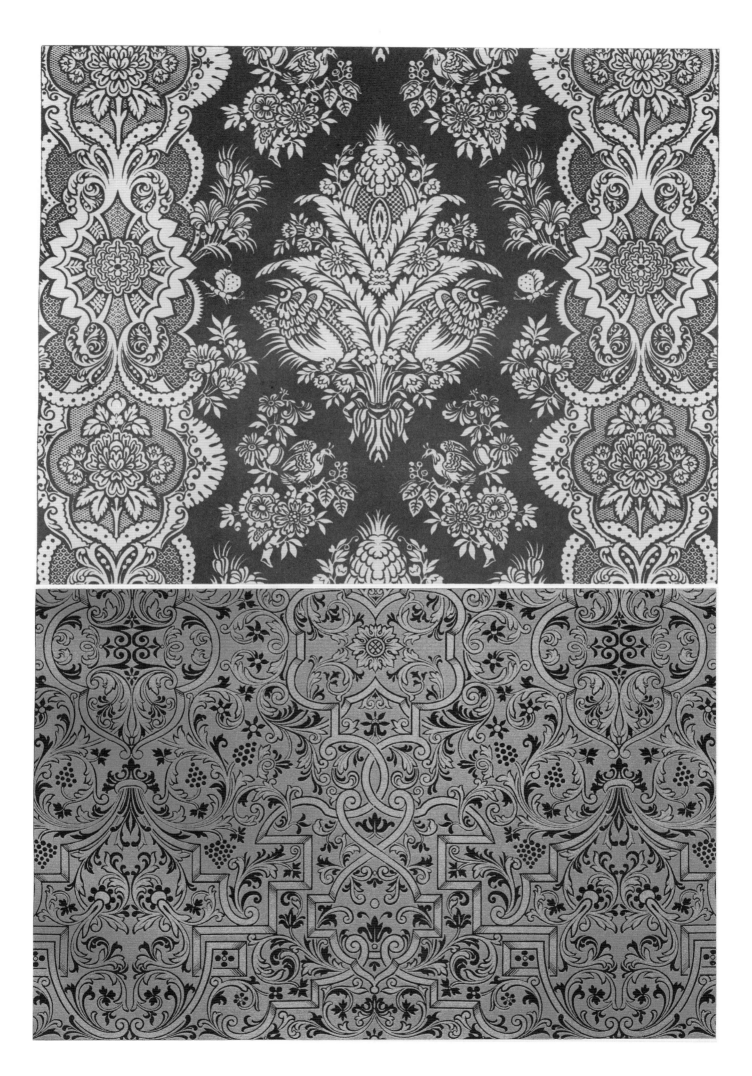

ARTE DE LOS SIGLOS XVII Y XVIII

Las piezas de cerámica que se muestran son de fabricación francesa y pertenecen a las fábricas de Rouen, en las que se utilizaban diseños de los mejores artistas del periodo; también se muestran ejemplos de Moustiers. A mediados del siglo XVII se fundan en Rouen las primeras fábricas de loza, que gozarán desde un principio de la protección de importantes personajes y del rey, para el que fabricarán notables piezas. Los ejemplos escogidos en esta lámina contienen elementos decorativos de procedencia vegetal y floral, siendo los colores verdes los predominantes en estas composiciones.

Policromía y Ornamentación

ARTE DE LOS SIGLOS XVII Y XVIII

La lámina reproduce distintas composiciones de madera con incrustaciones de cobre; un género en el que destacó André-Charles Boulle. Destaca de ellas la riqueza y el lujo con que se hicieron y las acertadas mezclas entre las distintas maderas y los metales, algunas de las piezas forman parte de un armario con reloj, unas cómodas de marquetería, otras piezas de marquetería y un mueble estilo Luis XIV en el que se representa el tema de Hércules derribando a la hidra de Lerna.

ARTE DE LOS SIGLOS XVII Y XVIII

Se expone una pequeña muestra de cueros policromados y dorados, piezas muy lujosas y costosas de hacer que utilizaban diseños de los mejores decoradores de la época. Todos ellos tienen unos colores suaves que contrastan con los empleados en épocas anteriores, como el estilo Luis XIII.

Estos ejemplos muestran una variada policromía que incluye colores como el azul, el dorado o el rojo, y los diseños decorativos de las piezas sorprenden por su belleza y su calidad, ya que estaban realizados por grandes artistas de la época que eran demandados por los clientes.

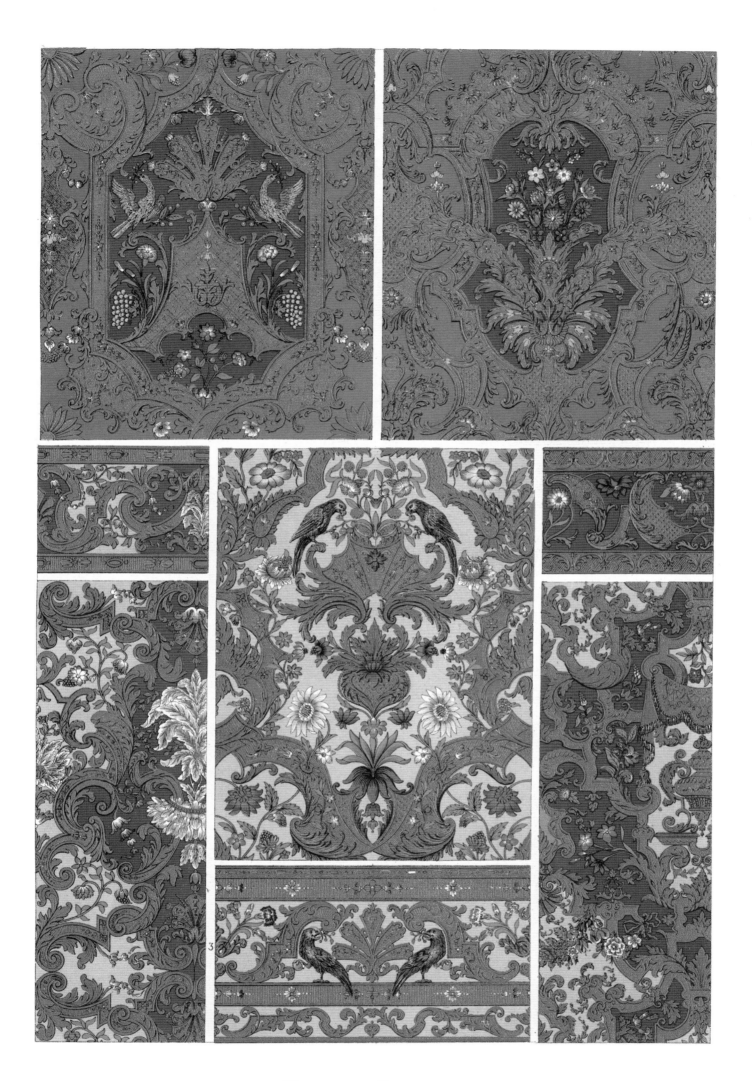

ARTE DE LOS SIGLOS XVII Y XVIII

La imagen corresponde a un tapiz perteneciente al estilo Luis XIV, que forma parte de la obra manuscrita de Robert de Cotte, artista que influyó en las artes decorativas posteriores a la muerte de Luis XIV y que fue un importante decorador. Este artista conservó el aspecto grandioso del estilo Luis XIV pero mostró mayor libertad en los detalles. Algunos cronistas afirman que Robert de Cotte influyó en los diseños decorativos de su época y que en la ornamentación del hotel de Toulouse, realizado en la segunda década del siglo XVIII, utilizó elementos del llamado estilo Luis XIV y otros pertenecientes a lo que se llamó estilo Luis XV. Los colores utilizados son muy variados y debido a la composición que realiza el artista resultan vivos y brillantes.

Policromía y Ornamentación

— 243 —

ARTE DE LOS SIGLOS XVII Y XVIII

La siguiente lámina muestra varios tapices franceses salidos del taller de los Gobelinos; en el motivo central superior aparece un fragmento del dosel de un sillón inspirado en las *Fábulas de La Fontaine*, donde figuraban "El roble y la caña". En las otras piezas se recogen decoraciones inspiradas en las tradiciones orientales, algo que se ve claramente en la caracterización de los personajes con rasgos orientales que aparecen en los extremos derecho y superior de la ilustración. Además de estos motivos, aparecen esfinges, máscaras, aves y cestas de flores y frutos.

Policromía y Ornamentación

ARTE DEL SIGLO XVIII

Los seis fragmentos de tapices que se muestran a continuación proceden también de la obra de Robert de Cotte; en ellos se observa una disposición arquitectónica y una gran riqueza en la ornamentación, de suaves colores. Los motivos que se utilizan son vegetales, florales, veneras, elementos geométricos y molduras que enmarcan las composiciones.

Los cuatro motivos que forman la mitad inferior de la lámina presentan una característica algo distintas al motivo superior, por lo que es posible pensar que su autor es una persona distinta a la que realizó el de arriba.

ARTE DEL SIGLO XVIII

Fragmento de un plafón decorado con pinturas realizado en los primeros años del siglo XVIII para la sala de baño de la vivienda de la princesa de Conti. Esta pieza está organizada mediante un motivo central rodeado de medallones y otros elementos: los medallones contienen diversas escenas, hay máscaras, guirnaldas, motivos vegetales, entre otros elementos. Son destacables las escenas que se reparten por la superficie con cisnes en distintas posiciones sobre la superficie del agua. Las líneas trazadas en color oro enmarcan los medallones y las figuras geométricas que forman el diseño.

Policromía y Ornamentación

ARTE DEL SIGLO XVIII

La siguiente ilustración muestra diversos fragmentos de un clavicordio realizado en el siglo XVIII con madera dorada y decoración pintada. Esta magnífica pieza está decorada con ricas composiciones donde aparecen angelitos en diversas escenas, tocando instrumentos, haciendo ofrendas de flores, formando parte de guirnaldas o como arqueros también aparecen estructuras arquitectónicas, veneras y elementos vegetales. El color oro del fondo hace resaltar las figuras.

ARTE DEL SIGLO XVIII

Las dos figuras de la parte superior proceden de tapicerías realizadas en la manufactura de Beauvais; estas piezas servían para la ornamentación del respaldo y el asiento de un sillón y la decoración está extraída de las fábulas de La Fontaine. El fondo de las piezas es de color rojo y la ornamentación se organiza mediante una guirnalda con flores y hojas. En la parte inferior se representan piezas de entablamento y molduras, y sus diseños se deben a los d'Ulin y a Perrot; una de ellas tiene como motivo decorativo la flor de lis encerrada en círculos. Además se muestra en la lámina un fragmento de una encuadernación con dibujos dorados sobre fondo verde claro.

ARTE DEL SIGLO XVIII

Se ilustran diversos tipos de marcos y enmarcaciones para composiciones emblemáticas realizados en el siglo XVIII. El número 1 procede de un libro de la iglesia de Saint-Gervais realizado a mediados del siglo XVIII, los números 2 y 3 fueron realizados por Bernard Picart, del 4 a 7 muestran un diseño de líneas curvas, el número 8 procede de una pieza de loza esmaltada, el 9 de un Ex-Libris, y los motivos 10 y 11 estaban destinados a emblemas. Los motivos con los números 12 y 13 reflejan la corriente predominante a finales del siglo XVII.

ARTE DE LOS SIGLOS XVII Y XVIII

La siguiente lámina muestra diversas piezas de orfebrería y joyería que muestran los progresos que hicieron en esta época las técnicas aplicadas a la orfebrería; hay broches que se pusieron de moda entre 1719 y 1745, muchos de ellos realizados por grandes artistas y orfebres como Babel, también hay cadenas de Gilles l'Égaré, que traducen la influencia de la decoración de finales del siglo XVII y principios del XVIII, y un sello del mismo género. También hay un juego casi completo para la mujer, formado por los números 12 a 19, del periodo Luis XVI, formado por un broche con reloj y sello, otros broches y alfileres, utilizados para los arreglos de vestido y peinado.

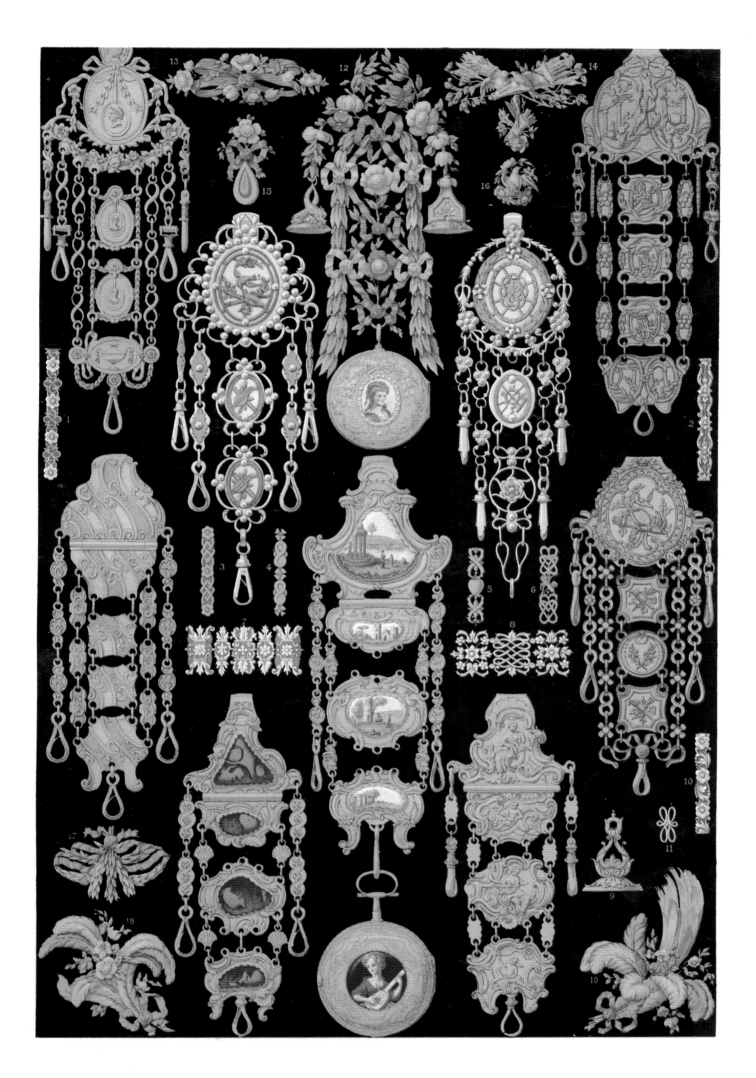

ARTE DEL SIGLO XVIII

Los 12 fragmentos que se exponen a continuación son sedas utilizadas para ornamentar las paredes, los muebles y los vestidos, y en algunas de ellas se aprecia la influencia del diseño oriental. Estas piezas de seda son de fabricación francesa, una fabricación que había sentido un gran impulso desde la época de Luis XIV, produciendo sedas de gran calidad muy admiradas y requeridas por las clases acomodadas.

En estos motivos se representan diversas composiciones, pero todas ellas se basan en la ornamentación vegetal y floral; los colores para fondos y motivos también son muy diversos.

Policromía y Ornamentación

ARTE DEL SIGLO XVIII

Las composiciones de esta lámina proceden de diversos trabajos en metal con esmaltes y pinturas realizadas en el siglo XVIII. El número 1 es un fragmento de abanico realizado con gran detalle utilizando marfil y nácar, el diseño es de una gran complejidad porque se trabajaba con pequeñas piezas de marfil incrustado en nácar y posiblemente, debido al parecido con diseños de Babel, fue éste su creador. Los números 2 a 4 proceden de una caja de tabaco de oro cincelado con fondo esmaltado, al igual que los números 5 a 9, que también proceden de cajas de tabaco similares; del 11 al 14 se muestran cenefas con motivos geométricos y vegetales.

Policromía y Ornamentación

ARTE DEL SIGLO XVIII

Los motivos de esta lámina están extraídos de tapices y telas damasquinadas en los que aparecen jarrones, guirnaldas, aves, ornamentación floral y arquitectónica y un medallón con cabezas de gorgonas en la parte inferior. Para las disciplinas de las técnicas y motivos decorativos y para el arte en general es de primera importancia tener en cuenta el acontecimiento que tuvo lugar en esta época, el descubrimiento de Pompeya y Herculano; después de estos descubrimientos se incorporan al arte motivos y elementos decorativos que se encontraron allí y que marcarán una diferencia con el periodo decorativo anterior.

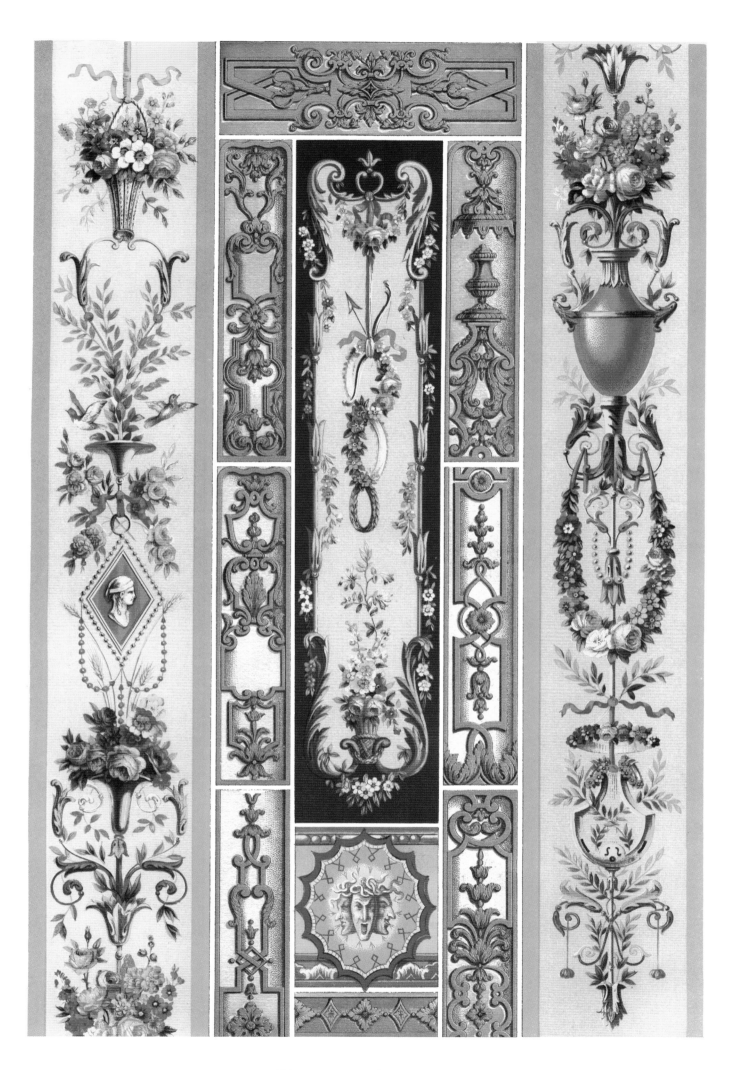

Policromía y Ornamentación

ARTE DEL SIGLO XVIII

Los tres motivos sobre fondo dorado que aparecen en la parte inferior de la lámina forman parte de un mueble y son tres trofeos pastorales pintados y barnizados con el popular método utilizado en el siglo XVIII, utilizado por el célebre Martín; en uno de ellos, el del centro, se aprecian las iniciales de María Antonieta. El jarrón con flores colocado en el centro de la parte superior fue realizado dentro de una corriente que tuvo lugar después del descubrimiento de Pompeya y los cuatro motivos en grisalla que lo rodean representan las Cuatro Estaciones.

Policromía y Ornamentación

ÍNDICE DE LAS ILUSTRACIONES